Summ
Trennkost schnell & lecker

Ursula Summ, Bestsellerautorin zahlreicher Trennkostbücher, wurde 1947 in Hofheim/Ts. geboren. Schwer übergewichtig und krank, entdeckte sie, nach vielen vergeblichen Diätversuchen, 1978 die Hay'sche Trennkost für sich selbst. Zum ersten Mal fand sie wirkliche Hilfe und begann, diese Ernährung weiterzuentwickeln und ihre Erfahrungen anderen Menschen mitzuteilen.

Haben Sie Spaß an der Trennkost gefunden? Dann können Sie sich über die Website der Autorin www.trennkost.de mit anderen Trennköstlern austauschen.

Ursula Summ betreut seit vielen Jahren Gruppen mit Übergewichtigen und entwickelte aus diesen Erfahrungen heraus ein überzeugend einfaches Abnehmprogramm.
Weitere kostenlose Informationen rund um das Abnehmen erhalten Sie bei:
Trennkost-Club Ursula Summ
Buzon Nº 356
Calle Patricio Ferrandiz 40
E-03700 Denia / Alicante, Spanien
Tel. 00 34 / 96 / 6 42 11 20
Fax 00 34 / 96 / 5 78 47 15
E-Mail: summ@trennkost.de
Homepage: www.trennkost.de

Ursula Summ

Trennkost
Schnell & lecker

80 Rezepte unter 30 Minuten

EINSTIEG

9 **Trennkost im Handumdrehen**

10 **Trennkost – leicht gemacht**
10 Gesund essen – Energie tanken
11 Insulin – Schlüsselsubstanz für Übergewicht
12 Hilfreich im Alltag: die gute Planung
13 Praktische Tipps für die schnelle Küche

14 Special Kombiplan
16 Special Mengenplan

REZEPTE

19 **Schnelle Rezepte**

20 **Frühstück & Snacks**

30 **Suppen & Salate**

42 **Nudeln, Reis & Co.**

60 **Fleisch, Geflügel & Ei**

72 **Fisch & Meeresfrüchte**

80 **Desserts & süße Snacks**

90 **Getränke**

94 **Rezeptregister**

99 **Impressum**

Liebe Leserinnen, liebe Leser!

Der Faktor Zeit spielt im heutigen Alltagsleben eine immer größere Rolle. Viele müssen immer mehr Leistung in immer kürzerer Zeit erbringen. So bleiben die eigenen Bedürfnisse, wie zum Beispiel der Genuss von gesunden, selbst zubereiteten Mahlzeiten, oftmals auf der Strecke.

Warum sollte man auch übers Kochen nachdenken, wo dem »eiligen Hungrigen« doch an jeder Ecke Gaumenfreuden winken? Von Würstchenbuden bis hin zu Fast-Food-Restaurants bietet der Markt heute alles, was das Herz begehrt. Fertiggerichte, Light-Produkte sowie kalorien- und fettreduzierte Angebote haben Hochkonjunktur und ersparen dem Stressgeplagten die tägliche Nahrungszubereitung.

Doch vor dieser Fast-Food-Kultur kann ich nur warnen. Denn Fertig- und Fast-Food-Gerichte sind oftmals viel zu fett, zu salzig und arm an natürlichen Vitaminen und Mineralien. Und eine Vitamin- und Mineralstoff-Unterversorgung wird sich früher oder später bemerkbar machen.

Darum müssen praktikable Lösungen gefunden werden, um gute Ernährung, Gesundheit und Zeitmangel unter einen Hut zu bringen. Mit diesem Buch biete ich Ihnen eine solche Lösung. Denn die hier gebotenen Trennkostrezepte sind nicht nur abwechslungsreich und stecken voller Vitamine und Mineralstoffe. Sie sind auch in maximal 30 Minuten zubereitet. So finden Sie hier ca. 100 moderne, leckere Rezepte, die Sie schnell und einfach nachkochen können.

Überzeugen Sie sich selbst und Sie werden sehen: Es ist ganz einfach, sich ohne viel Zeitaufwand gesund zu ernähren.

Herzlichst, Ihre Ursula Summ

Trennkost im Handumdrehen

Sie möchten sich auch im Alltag gesund ernähren, haben aber oft wenig Zeit zum Kochen? Dann ist die moderne Trennkostküche ideal: Sie ist besonders bekömmlich und bietet eine Vielzahl an leckeren Gerichten, die alle ganz schnell und einfach zubereitet sind.

Trennkost – leicht gemacht

Trennkost funktioniert ganz einfach: Sie essen weiterhin das, was Sie immer gegessen haben, nur in einer anderen, harmonischeren Reihenfolge. Schon nach kurzer Zeit werden Sie merken, wie gut Ihnen diese Ernährungsweise tut.

Gesund essen – Energie tanken

Die Umstellung der Ernährung auf Trennkost bedeutet, dass Sie künftig darauf verzichten, während einer Mahlzeit eiweiß- und kohlenhydratreiche Nahrungsmittel zu kombinieren. Diese getrennte Essweise fördert auf natürliche Weise die Gesundheit und das Wohlbefinden, macht gut gelaunt, munter, wach und frisch. Die Erklärung hierfür liegt klar auf der Hand: Die Verdauungsorgane werden entlastet und der Körper wird durch die Auswahl vollwertiger Nahrungsmittel regelmäßig mit lebensnotwendigen Nährstoffen, Vitaminen, Enzymen, Mineral- und Ballaststoffen versorgt. Gleichzeitig wird durch die Ernährungsumstellung der Körper gereinigt und entgiftet. So gewinnen Sie neue Energien und nehmen dabei mühelos auch einige überflüssige Pfunde ab.

wichtig

Das Hauptmerkmal der Trennkost-Ernährungsform besteht darin, stark eiweißhaltige Speisen innerhalb einer Mahlzeit nicht gemeinsam mit stark kohlenhydrathaltigen Speisen zu verzehren.

Die Trennkost ist also ein unkompliziertes Ernährungskonzept, welches Ihnen auf Dauer Vitalität und Gesundheit garantiert.

Bei einigen Krankheitsbildern und Beschwerden wirkt sie sich besonders positiv aus: bei Sodbrennen, Magendrücken und anderen Verdauungsproblemen, rheumatischen Beschwerden, Gicht, Nierenerkrankungen, Leber- und Gallebeschwerden, Bluthochdruck, Herz- und Kreislauferkrankungen, erhöhten

Blutfettwerten, Diabetes mellitus Typ 1 und 2, Hautunreinheiten, Ekzemen, Venenentzündungen, Wasseransammlungen, Bindegewebsschwäche, Arthrose, Kopfschmerzen, Wechseljahrsbeschwerden und Übergewicht.

Insulin – Schlüsselsubstanz für Übergewicht

Ein weiterer Grundsatz der Trennkost-Methode ist neben der getrennten Essweise ein ausgeglichener Blutzuckerspiegel. Dieser ist darum so wichtig, weil nach einem plötzlich stark ansteigenden Blutzuckerspiegel durch eine zu üppige Mahlzeit die Bauchspeicheldrüse unweigerlich mit der Insulinproduktion beginnt. Für Sie, die Sie gerne einige Kilos verlieren möchten, bedeutet dies: Je mehr Insulin Ihre Bauchspeicheldrüse produziert, umso dicker werden Sie.

Während der Verdauung nimmt das Hormon Insulin in einem ersten Akt die Zuckerstoffe (Glukose) aus dem Blut und verursacht dabei oftmals gleich wieder Heißhunger und ein größeres Appetitempfinden. Im zweiten Akt verwandelt es die entnommenen Zuckerstoffe in Fett, indem es die Bildung von Fettsäuren anregt. Gleichzeit verhindert Insulin, dass die eigenen Fettdepots geknackt werden können. Erst wenn die Insulinmenge im Blut dauerhaft niedrig bleibt,

WICHTIG

Muss jede Mahlzeit ein Trennkost-Gericht sein?

Seien Sie unbesorgt: Wenn Sie sich nicht immer strikt trennkostgemäß ernähren, schaden Sie Ihrer Gesundheit nicht. Ein allzu stures Verfolgen der Trennkostregeln könnte Ihre guten Vorsätze viel eher mal ins Wanken bringen. Gehen Sie darum locker an die Sache heran und betrachten Sie die Trennkost einfach wie einen roten Faden in Ihrem täglichen Speiseplan. Es ist nicht notwendig, ein beharrliches Durchhaltevermögen an den Tag zu legen, das keinerlei Abweichungen duldet. Trennkost-Mahlzeiten sollen Ihnen schmecken und Ihnen guttun, Sie aber auf gar keinen Fall einengen.

beginnt der Körper sein eigenes Fett zu verbrennen.

Insulin baut aber nicht nur die Fettzellen im Körper Stück für Stück immer weiter auf, sondern erhöht dabei zusätzlich den Blutdruck und treibt den Triglyzeridspiegel in die Höhe. Damit wird der Fettstoffwechsel negativ beeinflusst, Fettpartikel verweilen in der Blutbahn, verkalken die Gefäße und machen das Blut dickflüssig. Die Zuckerstoffe bleiben im Blut und können nicht mehr abgebaut werden – damit steigt die Gefahr, an Diabetes Typ 2 zu erkranken.

Bei der Trennkost-Ernährung ist der Konsum von Nahrungsmitteln, die den Blutzuckerspiegel in die Höhe treiben, stark eingeschränkt, daher nehmen Sie, wenn Sie sich trennkostgerecht ernähren, dauerhaft ab.

Hilfreich im Alltag: die gute Planung

Die Rezepte in diesem Buch sind in maximal 30 Minuten zubereitet. Ausnahmen sind einzelne Süßspeisen und Salate, die einige Zeit kalt gestellt werden müssen, um fest zu werden oder durchzuziehen. Damit beim Kochen auch alles Hand in Hand geht, sollten Sie bei der Vorratshaltung und bei der Vorbereitung der Gerichte ein paar Punkte berücksichtigen:
- Legen Sie sich einen kleinen Vorrat an lagerfähigen Nahrungsmitteln an. Dazu gehören Naturreis, Vollkornnudeln, Kartoffeln, Getreide, Gewürze, ein gutes Öl, ein guter Balsamessig und Instant-Gemüsebrühe.
- Joghurt, Quark, Sahne, Eier und eventuell Käse zum Überbacken brauchen Sie für viele Rezepte. Diese Lebensmittel sollten Sie daher immer im Haus haben.
- Auch gesunde Halbfertigprodukte, wie z. B. Sauerkraut oder Tomaten aus der Dose, sind zeitsparende Lebensmittel, auf die Sie zurückgreifen können.
- Stellen Sie sämtliche Zutaten sowie die notwendigen Gerätschaften bereit, bevor Sie mit dem Kochen anfangen. So müssen Sie zwischendurch nicht in Schränken oder Schubladen auf die Suche gehen.
- Kaufen Sie sowohl frische Zutaten als auch Vorräte gezielt ein – am besten mit einem Einkaufszettel. So stellen Sie sicher, dass alles, was Sie für ein Rezept brauchen, vorhanden ist.

TIPP

Trennkost zum Mitnehmen

- Besorgen Sie sich ein paar gut schließende Plastikdosen und Plastiktüten mit Reißverschluss. So können Sie Ihre selbst zubereiteten Speisen problemlos transportieren und auch am Arbeitsplatz essen.
- Suppen und Eintöpfe können Sie morgens kurz erhitzen und in eine Thermobox füllen. So bleibt die Mahlzeit bis zur Mittagspause heiß.
- Auch Salate, die eine gewisse Zeit ziehen müssen, sind ideal für ein gesundes Mittagessen oder einen Snack am Arbeitsplatz. Bei frischen Salaten transportieren Sie Salat und Sauce getrennt.
- Zum Mitnehmen eignen sich auch kalter Braten, Hähnchenfleisch, Roastbeef, Eier oder Käse.
- Ein idealer Snack für zwischendurch ist fertig geputztes Gemüse, wie zum Beispiel Paprika, Möhren, Kohlrabi, Radieschen und Salatgurke.

Praktische Tipps für die schnelle Küche

- Tiefkühlkost spart viel Zeit und ist gut zu dosieren. Petersilie, Schnittlauch, Dill, Kräutermischungen, Suppengrün und Knoblauch gibt es in praktischen kleinen Päckchen fürs Gefrierfach, ebenso fast alle Gemüsesorten, von Brokkoli über Lauch bis hin zu Zwiebeln.
- Natürlich sind frische Zutaten Gemüse aus dem Gefrierschrank, aus der Dose oder aus dem Glas vorzuziehen. Doch unter Zeitdruck sind solche Produkte einfach praktischer – und immer noch besser als Fertiggerichte. Dabei besitzen Tiefkühlprodukte mehr Nährstoffe als Produkte aus der Dose oder aus dem Glas.
- Planen Sie beim Kochen schon die nächste Mahlzeit mit ein. Kochen Sie Kartoffeln, Nudeln, Gemüse oder Fleisch gleich in doppelter Menge und bereiten Sie daraus Gratins oder Salate zu.
- Mit dem Pürierstab lassen sich besonders Gemüsereste und gekochte Kartoffeln, mit etwas Sahne oder Käse verfeinert, in leckere Suppen verwandeln.
- Geputztes Gemüse hält sich, in Frischhalteboxen im Kühlschrank aufbewahrt, ein bis zwei Tage lang frisch.

TRENNKOST IM HANDUMDREHEN

Kombiplan

Kohlenhydrathaltig

Kohlenhydrathaltige Speisen nur mit neutralen Lebensmitteln kombinieren.

- **Vollkorngetreide und -erzeugnisse**
  Hafer, Gerste, Hirse, Weizen, Roggen, Vollkornbrot, Vollkornbrötchen, Kuchen und Gebäck aus Vollkornmehl, Vollkornnudeln, Nudeln aus Hartweizengrieß, Naturreis, Kartoffeln
- **Obst**
  Bananen, mürbe Äpfel, frische Feigen, frische Datteln, ungeschwefeltes Trockenobst
- **Süßungsmittel**
  Ahornsirup, Honig, Birnen- und Apfeldicksaft
  Diese Süßungsmittel dürfen in kleinen Mengen auch zum Abschmecken von Eiweißgerichten verwendet werden.
- **Sonstiges**
  Kartoffelstärke, Puddingpulver, Bier

Neutrale Lebensmittel, Teil 1

Diese Nahrungsmittel sparsam verwenden!

- **Fette**
  Öle, Butter, ungehärtete Margarine und Plattenfette, Soja- und alle gesäuerten Milchprodukte (z. B. Joghurt, saure Sahne, Quark, Buttermilch, Dickmilch, süße Sahne, Kaffeesahne), Crème fraîche, Sojacreme, Tofu
- **Neutraler Käse**
  alle Käsesorten über 60 % Fett i. Tr. und solche, die aus naturbelassener, roher Milch geschöpft und hergestellt werden (z. B. Allgäuer Emmentaler, Appenzeller, Greyerzer, Raclettekäse, Parmesan, Saint Albray)
- **Rohe luftgetrocknete oder rohe geräucherte Wurstwaren**
  Bündner Fleisch, roher Schinken, Lachsschinken, Salami, Debrecziner, Tatar
- **Rohe, marinierte oder geräucherte Fischsorten**
  Räucherlachs, Matjeshering, Bismarckhering, Schillerlocken, Forelle, Makrele, Aal, Bückling
- **Nüsse und Samen**
  Haselnüsse, Walnüsse, Mandeln, Kokosnuss, Sonnenblumenkerne, Sesam, Mohn (Erdnüsse bitte meiden, sie sind schwer verdaulich.)
- **Milde Essigsorten**
  Obstessig, Brottrunk, Feigenessig, sehr alter Balsamico, vergorenes Molkekonzentrat (Molkosan)

TRENNKOST – LEICHT GEMACHT

Eiweißhaltig

Eiweißhaltige Speisen nur mit neutralen Lebensmitteln kombinieren.

- **Gegarte Fleischsorten**
  Bratenfleisch, Rouladen, Gulasch, Steaks, Hackfleisch, Putenschnitzel, Gans, Ente
- **Gegarte Fischsorten**
  Seelachs, Kabeljau, Lachs, Rotbarsch, Heilbutt, Thunfisch, Forelle
- **Alle Käsesorten, die erhitzt wurden**
  z. B. Edamer, Esrom, Fol Epi, Gouda, Havarti, Tilsiter, Eier und Milch aller Fettstufen
- **Obst**
  Ananas, Aprikosen, frische Äpfel, Birnen, Erdbeeren, Grapefruits, Himbeeren, Johannisbeeren, Kirschen, Kiwis, Mandarinen, Mangos, Litschis, Orangen, Papayas, Pfirsiche, Pflaumen, Zitronen
- **Getränke**
  Obstsäfte, Apfelwein, Weiß-, Rot- und Roséwein, Sekt
- **Sonstiges**
  gekochte Tomaten, Essig

Neutrale Lebensmittel, Teil 2

Diese Nahrungsmittel können reichlich verwendet werden!

- **Gemüse und Salate**
  Auberginen, Artischocken, Avocados, Brokkoli, Blumenkohl, grüne Bohnen, Chicorée, Chinakohl, Eisbergsalat, Endiviensalat, grüne Erbsen, Feldsalat, Fenchel, Gurken, Kohlrabi, Lauch, frischer Mais, Mangold, Melonen, Möhren, Paprikaschoten, Radieschen, Rettich, Rote Bete, Rosenkohl, Rotkohl, Sauerkraut, Sellerie, Spargel, Spinat, rohe Tomaten, Grünkohl, Schwarzwurzel, Weißkohl, Wirsing, Zucchini
- **Pilze**
  Austernpilze, Champignons, Pfifferlinge, Steinpilze oder andere Waldpilze
- **Sprossen und Keime**
  Mungobohnenkeimlinge, Alfalfa, Radieschensprossen oder andere Keimlinge
- **Sonstiges**
  Rosinen, Heidelbeeren, Oliven, Hefe, Gemüsebrühe, Eigelb, Gelatine, Agar-Agar, Biobin, Kräuter, Gewürze, Senf, Kräutertees, Stevia

Mengenplan

Mithilfe dieses Plans brauchen Sie keine Kalorien oder Fette mehr zu zählen. Hier sehen Sie, welche Mengen für die Kategorien Frühstück, Hauptgericht oder Snack für 1 Person angemessen sind. Einfach und schnell, ohne sich kasteien zu müssen, erreichen Sie mit diesem Plan Ihr Wohlfühlgewicht.

Ganz wichtig: Trinken Sie jede Stunde 1 Glas Wasser.

Snacks

- 200 g frisches Obst der Saison
- Rohkost in beliebiger Menge
- 100 g Obst, dazu ⅛ l Milch
- 200 g angesäuerte Milchprodukte wie z. B. Kefir, Buttermilch, Trinksauermilch, Joghurt

Frühstück

Sie haben die Wahl zwischen einem Obstfrühstück, einem eiweißreichen und einem kohlenhydratreichen Frühstück.

Obst-Frühstück (neutral)

Frisches Obst der Saison in beliebiger Menge. Beispiele: Ananas, Erdbeeren, Himbeeren, Brombeeren, Äpfel, Birnen, Pfirsiche, Aprikosen, Kiwi, Kirschen, Mirabellen, Nektarinen (siehe Kombiplan).
Hinweis: Mischen Sie fruchtsäurehaltige Obstsorten nicht mit Bananen, Feigen oder Datteln.

Eiweißreiches Frühstück

2 Eier in jeder Form und Zubereitungsart: gefüllte oder gekochte Eier, Omelette, pochierte Eier, Rühr- oder Spiegeleier.
Dazu in beliebiger Menge: Tomaten, Gurken, Paprikaschoten, Radieschen oder ein anderes Gemüse, aber kein Brot.

Kohlenhydratreiches Frühstück

- 1 Scheibe Vollkornbrot (50 g) oder 1 Vollkornbrötchen oder
- 3 Scheiben Vollkornknäckebrot; diese dünn mit Butter bestreichen und mit Folgendem belegen bzw. bestreichen:
- 30 g Wurst (ca. 3 dünne Scheiben) oder
- 30 g Käse (ca. 1 Scheibe) oder
- 50 g Quark (ca. 2 EL)

Dazu in beliebiger Menge: Tomaten, Gurken, Paprikaschoten oder ein anderes Gemüse.
Hinweis: Da es keine hundertprozentige Trennung der Nahrungsmittel gibt, können Sie das Brot mit 30 g Wurst oder Käse nach Wahl belegen. Weitere Ideen für Brotbelag siehe Kombiplan oder Rezeptteil.

- Müsli

Hinweis: Getreideflocken oder Müslis nicht mit fruchtsäurehaltigen Obstsorten kombinieren. Auch keine Milch verwenden, da diese in Verbindung mit Kohlenhydraten noch schwerer verdaulich wird. Harmonischer werden Müslis mit kohlenhydratreichen Obstsorten und mit gesäuerten Milchprodukten oder Sahne-Wasser-Gemisch (⅓ Sahne auf ⅔ Wasser) oder Reismilch. Wenn Sie auf Ihren Kaffee oder schwarzen Tee nicht verzichten möchten, verfeinern Sie diesen mit etwas Sahne. Zum Süßen bietet sich Stevia flüssig an.
Wichtig: Kauen Sie jeden Bissen sorgfältig.

Mittag- & Abendessen

Sie haben jeweils die Wahl zwischen einer überwiegend eiweiß- oder kohlenhydratreichen Mahlzeit.

Eiweißreiches Hauptgericht

- 150 – 200 g Fleisch oder
- 150 – 200 g Fisch oder
- 2 Eier oder
- 60 g Käse oder 100 g gegarte Wurstsorten

Essen Sie dazu 400 g Gemüse oder Salat.

Kohlenhydratreiches Hauptgericht

- 50 g Getreide (roh gewogen) oder
- 60 g Naturreis (roh gewogen) oder
- 80 g Vollkornnudeln (roh gewogen) oder
- 200 g Kartoffeln

Essen Sie dazu 400 g Gemüse oder Salat.

Bedienen Sie sich zusätzlich des Kombiplans (Siehe S. 14–15). Wählen Sie aus der Kombi-Gruppe Teil 1 (sparsam) und aus der Kombi-Gruppe Teil 2 (reichlich) aus, was Sie mögen.
Hinweis: Hilfreich sind folgende Faustregeln: Bei einer Eiweißmahlzeit wählen Sie 1 Teil Fleisch, Fisch, Käse oder Eier, dazu 3 bis 4 Teile Gemüse oder Salate.
Bei einer Kohlenhydratmahlzeit wählen Sie 1 Teil Kartoffeln, Naturreis, Getreide oder Nudeln, dazu 3 bis 4 Teile Gemüse oder Salate.

Schnelle Rezepte

Für die gesunde Ernährung im Alltag finden Sie hier fast 100 köstliche Trennkost-Rezepte, die Sie nach Lust und Laune kombinieren können. So wird Abnehmen kinderleicht. Und das Gute dabei: Die Gerichte sind alle in maximal 30 Minuten fertig zubereitet!

FRÜHSTÜCK & SNACKS

Lachs-Sandwich

▶ Kohlenhydrate

Für 2 Personen
Schön für Gäste ⊙ 10 Min.

1 kleine Zwiebel · 2 EL Butter · 2 Scheiben Vollkornbrot · 4 Salatblätter · etwas Rucola · 1 kleines Bund Schnittlauch · 4 Scheiben Räucherlachs

1. Die Zwiebel schälen und sehr fein hacken. Die Butter mit den Zwiebeln mischen und die Brotscheiben damit bestreichen.

2. Salatblätter und Rucola waschen und trocken tupfen. Den Schnittlauch waschen und in kleine Röllchen schneiden.

3. Salatblätter, Rucola und Lachs auf einer Brotscheibe verteilen, mit dem Schnittlauch bestreuen und mit der anderen Brotscheibe bedecken. Die Brote in der Mitte durchschneiden und servieren.

Frühstück & Snacks

Kerniges Buttermilchmüsli

▶ Kohlenhydrate

Für 2 Personen
Der perfekte Start ⊙ 10 Min.

2 EL Sonnenblumenkerne · 2 EL Mandelblättchen · 2 EL gehackte Haselnüsse · 6 leicht gehäufte EL Vollkornhaferflocken · ¼ l Buttermilch · 2 TL flüssiger Honig · 2 TL heller Leinsamen

1. Sonnenblumenkerne, Mandelblättchen und Haselnüsse in einer beschichteten Pfanne ohne Fett kurz rösten und in eine Schüssel geben.

2. Die Haferflocken zugeben und alles gut mischen.

3. Die Buttermilch mit dem Honig verrühren und über das Müsli gießen. Mit dem Leinsamen bestreut servieren.

Tipp
Zum Mitnehmen die trockenen Zutaten und die Honigbuttermilch getrennt in zwei gut verschließbare Dosen füllen und vor dem Servieren mischen.

Knusperjoghurt

▶ Kohlenhydrate

Für 2 Personen
Gelingt leicht ⊙ 5 Min.

1 Scheibe Knäckebrot · 1 Banane · 250 g Joghurt · 2 EL Rosinen · 1 EL gehackte Kürbiskerne

1. Das Knäckebrot in einen Plastikbeutel geben und mit dem Nudelholz zerbröseln.

2. Die Banane schälen und in Scheiben schneiden.

3. Joghurt mit Rosinen, Bananenscheiben und Knäckebrot-Bröseln mischen. Mit den Kürbiskernen bestreut servieren.

Powermüsli »Spezial«

▶ Eiweiß

Für 2 Personen
Raffinierte Powernahrung ⊙ 15 Min.
1 säuerlicher Apfel · 1 EL Zitronensaft ·
1 Orange · 1 Möhre · 1 Frühlingszwiebel ·
1 Knoblauchzehe · 2 EL Kräutermischung
(TK) · 150 g Quark (20 % Fett) ·
200 g Hüttenkäse · 1 EL gehackte Mandeln

1. Den Apfel waschen, vierteln, entkernen und in kleine Würfel schneiden. Die Stücke sofort mit dem Zitronensaft beträufeln. Die Orange schälen und das Fruchtfleisch in kleine Würfel schneiden.

2. Die Möhre waschen, putzen und fein raspeln. Die Frühlingszwiebel putzen und waschen. Das Grün in Röllchen, das Weiße in kleine Würfel schneiden. Den Knoblauch schälen und fein hacken.

3. Äpfel, Orangen, Möhren, Frühlingszwiebeln und Knoblauch mit den Kräutern mischen. Den Quark mit dem Hüttenkäse verrühren und unter den Früchte-Mix heben. Mit den gehackten Mandeln bestreuen.

Nussjoghurt mit Keimlingen

▶ Neutral

Für 2 Personen
Der gesunde Genuss ⊙ 5 Min.
250 g Joghurt · 1 EL gemahlene Haselnüsse · 1 TL Zimt · 2 TL Honig ·
4 EL Keimlinge (z. B. Mungobohnen oder Sonnenblumen)

1. Joghurt in eine Schale geben und mit Nüssen und Zimt mischen. Den Honig darübergeben.

2. Zum Schluss die Keimlinge unterrühren und servieren.

Tipp
Keimlinge können Sie leicht selbst ziehen: 2 bis 3 Esslöffel Sonnenblumenkerne über Nacht in Wasser einweichen, dann abspülen und das Wasser abgießen. Weitere 18 bis 20 Stunden keimen lassen. Zwischendurch immer wieder abspülen, damit sich keine Bakterien bilden.

Schweizer Röstbrot mit Radieschen

▶ Kohlenhydrate

Für 2 Personen
Gelingt leicht ⊘ 15 Min.
2 EL grob gehackte Walnüsse ·
2 Scheiben Vollkornbrot · 2 TL Olivenöl ·
60 g grob geriebener Greyerzer ·
1 Bund Radieschen

1. Die Nüsse in einer beschichteten Pfanne ohne Fett kurz rösten. Die Brotscheiben toasten, danach mit dem Olivenöl beträufeln.

2. Die Brote mit den gehackten Nüssen und dem geriebenen Käse bestreuen und im Grill etwa 8 bis 10 Minuten überbacken.

3. Die Radieschen putzen, waschen und in Scheiben schneiden. Zusammen mit den Broten servieren.

Obstteller mit Joghurtsauce

▶ Eiweiß

Für 2 Personen
Unkompliziert und voller Genuss
⊘ 10 Min.
1 Birne · 1 säuerlicher Apfel ·
100 g blaue Trauben · 150 g Joghurt ·
1 EL Ahornsirup · 1 TL Zimt ·
2 EL Sonnenblumenkerne

1. Birne und Apfel waschen, vierteln, die Kerngehäuse herausschneiden und das Obst in dünne Spalten schneiden.

2. Die Trauben waschen, halbieren und alles zusammen auf einen Teller geben.

3. Joghurt mit Ahornsirup und Zimt verrühren, auf den Früchten verteilen und alles mit den Sonnenblumenkernen bestreuen.

Tipp
Die Sonnenblumenkerne schmecken aromatischer, wenn Sie sie ohne Fett in einer Pfanne kurz rösten.

FRÜHSTÜCK & SNACKS

Salamibrötchen mit Kohlrabi

▶ Kohlenhydrate

Für 2 Personen
Gut vorzubereiten ⊙ 10 Min.
1 junger Kohlrabi · 1 kleines Bund Schnittlauch · 2 Vollkornbrötchen · 4 TL Butter · 8 Scheiben Salami (z. B. Rinder- oder Putensalami)

1. Kohlrabi schälen, waschen, acht hauchdünne Scheiben davon abschneiden, den Rest in grobe Spalten schneiden. Den Schnittlauch waschen, trocken tupfen und in Röllchen schneiden.

2. Die Brötchen aufschneiden und die Hälften toasten. Die Brötchen mit der Butter dünn bestreichen und mit Schnittlauch bestreuen. Mit Kohlrabischeiben und Salami belegen. Zusammen mit den Kohlrabispalten servieren.

Tipp
Sie können die Brötchen auch gut mitnehmen – dann werden sie allerdings nicht getoastet.

Schinken-Hack-Spießchen

▶ Eiweiß

Für 2 Personen
Unkompliziert und voller Genuss
⊙ 20 Min.
300 g Hackfleisch vom Rind · Pfeffer · 1 TL Paprikapulver · Meersalz · 1 EL Öl · 70 g roher Schinken, in feine Scheiben geschnitten

1. Das Hackfleisch mit Pfeffer, Paprikapulver und Salz würzen. Aus dem Teig kleine längliche Hackbällchen formen.

2. Das Öl in einer Pfanne erhitzen und die Hackbällchen darin bei mittlerer Hitze in 10 Minuten rundherum braun braten. Etwas abkühlen lassen.

3. Den Schinken in 3 Zentimeter breite Streifen schneiden, die Hackbällchen damit umwickeln und jeweils mit einem Holzspießchen feststecken. Auf einer Platte anrichten.

Tipp
Die Auswahl des Schinkens ist Ihnen überlassen, es sollte aber eine kräftige Sorte sein. Gut geeignet sind z. B. Rinder-, Hirsch- oder Lammschinken.

FRÜHSTÜCK & SNACKS

Fischhäppchen in scharfer Sauce

▶ Eiweiß

Für 2 Personen
Für Power und Party ⊙ 15 Min.
200 g Räucherlachs oder Graved Lachs am Stück · 2 EL Sojasauce · ½ TL Sambal Oelek · ½ TL Sherry · ½ Salatgurke · 1 kleines Bund Dill Meersalz

1. Den Fisch in 2 x 2 Zentimeter große Würfel schneiden. Sojasauce mit Sambal Oelek und Sherry verrühren und die Fischwürfel darin wenden.

2. Die Gurke schälen, halbieren und die Kerne mit einem Löffel herausschaben. Den Dill waschen, trocken tupfen und fein hacken.

3. Die Gurke in kleine Würfel schneiden, zart salzen und mit dem gehackten Dill bestreuen. Zusammen mit den Fischhäppchen servieren.

Tipp
Statt Sherry können Sie auch Wasser verwenden.

Griechischer Kräuterkäse

▶ Neutral

Für 2 Personen
Mittelmeer und Urlaubsstimmung
⊙ 10 Min.
1–2 Knoblauchzehen · 6 schwarze Oliven ohne Stein · 100 g Schafskäse · 200 g Hüttenkäse · Oregano · Thymian · Meersalz

1. Den Knoblauch schälen und durch eine Presse drücken. Die Oliven in dünne Scheiben schneiden.

2. Den Schafskäse mit einer Gabel zerdrücken und in einer Schüssel mit dem Hüttenkäse mischen. Kräuter, Knoblauch und die Hälfte der Oliven unterrühren, leicht salzen und mit den restlichen Oliven garnieren.

Tipp
Essen Sie dazu je eine Scheibe kräftiges Vollkornbrot. Statt der getrockneten Kräuter können Sie auch frische verwenden, die Sie sehr fein hacken. Feuriger wird der Kräuterkäse, wenn Sie ein Stück in Streifen geschnittene Chilischote zugeben.

Schinken-Rührei mit Tomaten

▶ Eiweiß

Für 2 Personen
Eine klassische Köstlichkeit ⏱ 10 Min.
50 g roher Rinderschinken · 1 kleines Bund Schnittlauch · 4 Eier · 2 EL Mineralwasser · Meersalz · 3 Tomaten · 2 TL Sonnenblumenöl

1. Den Schinken in kleine Würfel schneiden. Den Schnittlauch waschen, trocken schütteln und in Röllchen schneiden. Die Eier mit dem Mineralwasser verquirlen und leicht salzen. Die Tomaten waschen, von den Stielansätzen befreien und in schmale Spalten schneiden.

2. Das Öl in einer beschichteten Pfanne erhitzen und den Schinken darin anbraten. Die Eier darübergießen und stocken lassen. Die Eiermasse zusammenschieben und zu einem Rührei fertig backen.

3. Mit den Tomatenspalten anrichten und mit Schnittlauch bestreuen

Apfel-Champignon-Pfanne

▶ Eiweiß

Für 2 Personen
Einfach raffiniert ⏱ 15 Min.
1 säuerlicher Apfel · 250 g Champignons · 1 EL Öl · 1 TL Currypaste · Meersalz · 2 EL Sahne · 2 EL gehackte Petersilie

1. Den Apfel waschen, vierteln, das Kerngehäuse herausschneiden und den Apfel fein würfeln.

2. Die Champignons putzen, abreiben und in Scheiben schneiden.

3. Das Öl in einer Pfanne erhitzen. Pilze und Apfelwürfel darin unter Rühren scharf anbraten. Alles mit Currypaste und Salz würzen.

4. Die Sahne unterrühren, alles einmal aufkochen lassen und mit der gehackten Petersilie bestreut servieren.

Tipp
Statt eines säuerlichen Apfels können Sie auch einen mürben Apfel verwenden. Dann wird aus diesem Gericht eine Kohlenhydratmahlzeit.

Suppen & Salate

Bunter Käsesalat

▶ Eiweiß

Für 2 Personen
Power auf die leichte Art ⊙ 15 Min.
1 Chicorée · 2 Tomaten · 1 grüne Paprikaschote ·
100 g Gouda am Stück · 100 g Mais (Dose) ·
1 kleine Zwiebel · 10 Basilikumblättchen ·
2 EL Balsamessig · 1 EL Öl · Pfeffer, Meersalz

1. Den bitteren Strunk vom Chicorée keilförmig herausschneiden, die einzelnen Blätter ablösen und sternförmig auf einer Platte anrichten.

2. Die Tomaten waschen, von den Stielansätzen befreien und in schmale Spalten schneiden. Die Paprikaschote halbieren, waschen, putzen und klein würfeln. Den Käse in kleine Würfel schneiden. Mais abtropfen lassen. Tomaten, Paprika, Käse und Mais mischen und in die Mitte des Chicorée-Sterns geben.

3. Für das Dressing die Zwiebel schälen und fein hacken. Basilikum waschen, trocken tupfen und in Streifen schneiden. Essig mit Öl, 5 Esslöffeln Wasser, Pfeffer und Salz verrühren und die Zwiebelwürfel unterrühren. Die Sauce über den Salat geben, alles mischen und mit dem Basilikum bestreuen.

Suppen & Salate

SUPPEN & SALATE

Lauchsuppe mit pochierten Eiern

▶ Eiweiß

Für 2 Personen
Mit Liebe gekocht ⏱ 20 Min.
1 Stange Lauch · 1 TL Öl · ½ l Gemüsebrühe · ½ Bund Schnittlauch · 2 Eier

1. Den Lauch putzen, längs aufschneiden, waschen und in schmale Streifen schneiden.

2. Das Öl in einem Topf erhitzen und den Lauch darin bei mittlerer Hitze unter Rühren anbraten. Die Brühe zugießen und die Suppe zugedeckt 5 Minuten köcheln lassen. Den Schnittlauch waschen, trockentupfen und in Röllchen schneiden.

3. Die Eier einzeln in eine Suppenkelle schlagen, vorsichtig in die Suppe geben und in 5 Minuten fest werden lassen. Die Suppe mit dem Schnittlauch bestreut servieren.

Gazpacho

▶ Kohlenhydrate

Für 2 Personen
Gut vorzubereiten ⏱ 20 Min. plus Kühlzeit
100 g entrindetes Weizenbrot · 400 g Tomaten · 1 Zwiebel · 1–2 Knoblauchzehen · 100 g Salatgurke · 1 rote Paprikaschote · 1 EL Olivenöl · 1 EL Obstessig · Meersalz · ½ TL Sambal Oelek

1. Das Brot in Würfel schneiden, in warmem Wasser einweichen und ausdrücken. Die Tomaten waschen und klein schneiden.

2. Zwiebel und Knoblauch schälen und grob würfeln. Die Gurke schälen, halbieren, die Kerne mit einem Löffel herausschaben und das Fruchtfleisch in kleine Würfel schneiden. Die Paprikaschote halbieren, waschen, putzen und würfeln.

3. Alle Zutaten mit Öl, Essig, Salz und Sambal Oelek mischen und pürieren.

4. Die Gazpacho für mehrere Stunden im Kühlschrank kalt stellen. Mit knusprig gebratenen Brotwürfeln oder Paprikastückchen servieren.

Suppen & Salate

Chinesische Pilzcremesuppe

▶ Kohlenhydrate

Für 2 Personen
Gelingt leicht ⊙ 30 Min. plus 30 Min. Einweichzeit
50 g getrocknete Mu-Err-Pilze (oder getrocknete Steinpilze) · 200 g Kartoffeln · 1 kleine Zwiebel · 1 EL Butter · 400 ml Gemüsebrühe · Pfeffer, Meersalz · 2 EL saure Sahne · 2 EL gehacktes Koriandergrün

1. Die Mu-Err-Pilze in heißem Wasser etwa 30 Minuten einweichen, dann ausdrücken und in grobe Würfel schneiden, dabei die harten Stiele entfernen.

2. Die Kartoffeln schälen, waschen und grob würfeln. Die Zwiebel schälen und hacken.

3. Die Butter in einem Topf zerlassen. Kartoffeln und Zwiebeln darin unter Rühren leicht anbraten. Die Pilze und die Gemüsebrühe zugeben und die Suppe zugedeckt 15 Minuten köcheln lassen.

4. Die Suppe mit dem Schneidstab pürieren. Mit Pfeffer und Salz würzen und mit der Sahne verfeinern. Mit dem Koriandergrün bestreut servieren.

Feines Hühnersüppchen

▶ Eiweiß

Für 2 Personen
Schmeckt der ganzen Familie ⊙ 20 Min.
150 g Hühnerbrust · 2 TL Sonnenblumenöl · 350 ml Gemüsebrühe · 1 Pck. Suppengrün (TK) · 1 kleines Bund Schnittlauch

1. Das Fleisch unter fließendem Wasser waschen, mit Küchenpapier trocknen und fein würfeln.

2. Das Öl in einem Topf erhitzen und die Fleischwürfel darin unter Rühren von allen Seiten anbraten. Mit der Brühe ablöschen, das Suppengrün zufügen und die Suppe zugedeckt bei geringer Hitze 12 bis 15 Minuten garen.

3. Inzwischen den Schnittlauch waschen, trocken tupfen und in kleine Röllchen schneiden. Die Suppe auf zwei Teller verteilen und mit den Schnittlauchröllchen bestreut servieren.

Kleiner Hirtensalat

▶ Eiweiß

Für 2 Personen
Gesunder Genuss ⊙ 15 Min.
2 Tomaten · 1 Avocado · 1 TL Zitronensaft ·
15 Basilikumblättchen · 1 EL Balsamessig ·
1 EL Olivenöl · Frischer Pfeffer aus der
Mühle · Meersalz · 100 g Schafskäse

1. Die Tomaten waschen, von den Stielansätzen befreien und in dünne Scheiben schneiden.

2. Die Avocado halbieren, den Stein entfernen. Das Fruchtfleisch aus der Schale lösen, in Spalten schneiden und mit dem Zitronensaft beträufeln. Tomatenscheiben und Avocadospalten auf zwei Tellern anrichten.

3. Basilikum waschen, trocken tupfen und sehr fein hacken. Mit Essig, Öl, Pfeffer und Salz verrühren. Das Dressing über den Salat träufeln und den Schafskäse grob darüber zerbröseln.

Vitamin-Snack mit Krabben

▶ Eiweiß

Für 2 Personen
Gelingt leicht ⊙ 10 Min.
100 g Feldsalat · 100 g Kirschtomaten ·
200 g küchenfertige Krabben ·
1 EL Sonnenblumenöl · 1 EL Obstessig ·
Meersalz · Pfeffer

1. Den Feldsalat putzen, waschen und abtropfen lassen. Die Tomaten waschen und halbieren. Die Krabben abbrausen und gut abtropfen lassen.

2. Den Feldsalat und die Tomaten dekorativ auf zwei Tellern anrichten. Mit Öl und Essig beträufeln, leicht salzen, pfeffern und mit den Krabben bestreuen.

Tomaten-Mozzarella-Salat mit Oliven

▶ Neutral

Für 2 Personen
Gut vorzubereiten ⊙ 10 Min.

2 Fleischtomaten · 250 g Mozzarella ·
2 Zweige Basilikum · 1 EL Olivenöl ·
2 EL alter Balsamico-Essig · Pfeffer ·
Meersalz · 8 Oliven

1. Die Tomaten waschen, von den Stielansätzen befreien und grob würfeln. Den Mozzarellakäse abtropfen lassen und in Scheiben schneiden.

2. Basilikum waschen, trocken schütteln, Stiele entfernen und die Blätter klein schneiden.

3. Die Tomaten mit den Mozzarellascheiben und dem Basilikum mischen.

4. Die Mischung mit Öl und Essig beträufeln und mit Pfeffer und Salz würzen. Mit den Oliven garniert servieren.

Eier-Krabben-Salat auf Chicorée

▶ Eiweiß

Für 2 Personen
Schön für Gäste ⊙ 10 Min.

3 Eier · 200 g küchenfertige Krabben ·
1 großer Chicorée · 125 g Joghurt ·
1 EL Mayonnaise · 1 Msp. Cayennepfeffer
Kräutersalz · 1 TL Paprikapulver edelsüß

1. Die Eier hart kochen, danach mit kaltem Wasser abschrecken, schälen und in kleine Würfel schneiden.

2. Die Krabben abbrausen und abtropfen lassen, dann grob hacken.

3. Den Chicorée waschen, sechs schöne Blätter ablösen und den Rest der Länge nach vierteln.

4. Für das Dressing Joghurt mit Mayonnaise verrühren, Krabben und Eiwürfel unterheben. Mit Cayennepfeffer und Kräutersalz pikant würzen.

5. Den Eier-Krabben-Salat in die Chicoréeblätter füllen, mit dem Paprikapulver bestäuben und zusammen mit dem restlichen Chicorée servieren.

SUPPEN & SALATE

Sellerie-Walnuss-Salat

▶ Neutral

Für 2 Personen
Preiswerter Genuss ⊙ 10 Min.
500 g Selleriestreifen (Glas) · 1 Zwiebel ·
1 kleines Bund Petersilie · 50 g Sahne ·
1 EL Obstessig · Pfeffer · Kräutersalz ·
2 EL grob gehackte Walnüsse

1. Den Sellerie abtropfen lassen und in eine Schüssel geben.

2. Die Zwiebel schälen und fein hacken. Petersilie waschen, trocken tupfen und fein hacken.

3. Sahne, Essig, 3 Esslöffel Wasser, Zwiebeln, Petersilie, Pfeffer und Kräutersalz verrühren. Das Dressing mit dem Sellerie mischen und alles mit den gehackten Walnüssen bestreuen.

Tipp

Sie können den Salat auch mit frischem Sellerie zubereiten. Dazu eine Sellerieknolle waschen, in einen Topf geben, mit Wasser bedecken und zugedeckt in 20 bis 25 Minuten garen. Dann schälen und in dünne Streifen hobeln.

Roastbeef-Trauben-Salat mit Meerrettich

▶ Eiweiß

Für 2 Personen
Herbstliche Schlemmerei ⊙ 15 Min.
1 Kopf Eichblattsalat · 150 g blaue
Trauben · Meersalz · 1 EL Zitronensaft ·
120 g dünn geschnittenes Roastbeef ·
40 g Sahne · 2 EL Meerrettich
(aus dem Glas)

1. Den Salat putzen, waschen, in mundgerechte Stücke zerpflücken und abtropfen lassen. Die Trauben waschen und je nach Größe halbieren. Die Salatblätter auf zwei flachen Tellern fächerförmig ausbreiten, leicht salzen und mit dem Zitronensaft beträufeln.

2. Die Roastbeefscheiben und die Trauben darauf anrichten.

3. Für das Dressing die Sahne halb steif schlagen und mit dem Meerrettich verrühren. Die Sauce zum Salat reichen.

Tipp

Wenn die Trauben Kerne haben, müssen Sie diese nach dem Halbieren entfernen. Sie sind nicht lecker und im Salat unangenehm.

Paprika-Kraut-Salat

▶ Neutral

Für 2 Personen
Gut vorzubereiten ⊙ 30 Min.
1 kleiner Weißkohl (ca. 500 g) · Meersalz ·
1 kleine rote Paprikaschote · 1 EL Obstessig · 1 EL Öl · 1 Msp. Cayennepfeffer ·
1 TL Honig · 1 TL Kümmel

1. Den Weißkohl von den äußeren Blättern befreien, vierteln, den harten Strunk herauslösen und das Kraut in schmale Streifen raspeln. Mit Salz bestreuen und so lange mit einem Kartoffelstampfer stampfen, bis der Kohl mürbe wird.

2. Paprika halbieren, putzen, waschen und in kleine Würfel schneiden. Paprikawürfel mit dem Weißkohl mischen.

3. Essig, Öl, Cayennepfeffer, Honig und Kümmel mit dem Salat vermengen und zugedeckt kurz durchziehen lassen.

Tipp
Sie können den Krautsalat auch länger durchziehen lassen. Er hält sich bis zu zwei Tage im Kühlschrank.

Partysalat mit Schafskäse-Dressing

▶ Eiweiß

Für 2 Personen
Schön für Gäste ⊙ 20 Min.
2 kleine Zucchini · 2 Tomaten ·
100 g Mais (Dose) · 1 EL Olivenöl ·
50 g Schafskäse · 2 EL Zitronensaft ·
125 g Joghurt · Pfeffer · Meersalz ·
6 Basilikumblättchen

1. Zucchini waschen, putzen und in kleine Würfel schneiden. Die Tomaten waschen, von den Stielansätzen befreien und klein würfeln. Den Mais abtropfen lassen.

2. Das Öl in einer beschichteten Pfanne erhitzen und die Zucchini darin unter Wenden in 3 bis 4 Minuten bissfest braten. Leicht abkühlen lassen, mit Tomaten und Mais in einer Schüssel mischen.

3. Für das Dressing den Schafskäse mit einer Gabel fein zerdrücken, mit Zitronensaft, Joghurt, Pfeffer und Salz glatt rühren. Die Sauce über den Salat geben, alles mischen und mit den Basilikumblättchen garniert servieren.

Bunter Salat mit Sprossen

▶ Neutral

Für 2 Personen
Gelingt leicht ⊙ 15 Min.
4 EL Mungobohnensprossen ·
1 Salatherz · 1 grüne Paprikaschote ·
1 kleine Salatgurke · 150 g Mais (TK) ·
1 kleines Bund Dill · 1 EL Öl ·
2 EL Obstessig · Pfeffer · Meersalz

1. Die Sprossen waschen, verlesen, abtropfen lassen, dann beiseitestellen.

2. Den Salat putzen, waschen, trocknen und in mundgerechte Stücke zupfen. Die Paprikaschote putzen, waschen und klein würfeln. Die Gurke schälen, der Länge nach vierteln und in kleine Scheiben schneiden. Alles zusammen mit dem Mais in einer Schüssel mischen.

3. Den Dill waschen, trocken schütteln und fein hacken. Das Öl mit dem Essig, 6 Esslöffeln Wasser, Pfeffer, Salz und Dill verrühren.

4. Das Dressing über den Salat geben und alles gut mischen. Mit den Sprossen bestreut servieren.

Orangen-Feldsalat mit Ingwer

▶ Eiweiß

Für 2 Personen
Feinste Küche – so gesund ⊙ 20 Min.
2 EL Rosinen · 80 g Feldsalat · 3 Orangen ·
1 haselnussgroßes Stück Ingwer ·
2 EL Sahne · 1 Msp. Cayennepfeffer ·
Kräutersalz

1. Die Rosinen mit kochendem Wasser übergießen, 5 Minuten ziehen lassen, dann abgießen.

2. Den Salat putzen, waschen und gut abtropfen lassen. Eine Orange auspressen, die beiden anderen Orangen schälen und das Fruchtfleisch in kleine Würfel schneiden.

3. Den Ingwer schälen und fein hacken. Mit Orangensaft, Sahne, Cayennepfeffer und Kräutersalz verrühren.

4. Feldsalat mit den Orangenwürfeln in eine Schüssel geben und mit der Sauce mischen. Mit den Rosinen bestreut servieren.

Nudeln, Reis & Co.

Brokkoli-Spaghetti aus dem Wok

▶ Kohlenhydrate

Für 2 Personen
Spaghetti mit asiatischem Flair ⊙ 20 Min.
160 g Spaghetti · Meersalz · 600 g Brokkoli · 1 Zwiebel · 1 EL Öl · 3 EL Mandelblättchen · ½ TL Sambal Oelek · 100 g Sahne · 2 EL Parmesan · 8 Kirschtomaten

1. Die Nudeln in reichlich leicht gesalzenem, kochendem Wasser bissfest garen, abgießen und abtropfen lassen.

2. Den Brokkoli waschen, putzen und in kleine Röschen teilen. Die Stiele schälen und in kleine Stücke schneiden. Die Zwiebel schälen und fein hacken.

3. Das Öl im Wok erhitzen. Brokkoli unter Rühren 3 bis 4 Minuten braten. Zwiebeln und Mandelblättchen zugeben und 1 bis 2 Minuten weiterbraten. Die Nudeln untermischen und alles mit Salz und Sambal Oelek würzen. Die Sahne zugießen, alles kurz aufkochen lassen und dann mit dem Käse bestreuen.

4. Die Tomaten waschen, vierteln und mit den Nudeln servieren.

Nudeln, Reis & Co.

FRÜHSTÜCK & SNACKS

Nudelschichtsalat

▶ Kohlenhydrate

Für 2 Personen
Gut vorzubereiten ⊗ 25 Min.

80 g Erbsen (TK) · Meersalz · 160 g Spiralnudeln · ⅓ Salatgurke · 60 g Rindersalami · 80 g Mais (Dose) · 2 Tomaten · 1 Pck. Kräutermischung (TK) · 3 EL Mayonnaise · 150 g Joghurt · Pfeffer · 1 EL Obstessig

1. Die Erbsen in wenig Salzwasser 10 Minuten kochen, herausnehmen und abkühlen lassen. Etwas Kochwasser beiseitestellen. Die Nudeln in Salzwasser bissfest garen.

2. Die Gurke schälen, halbieren und in kleine Würfel schneiden. Die Salami klein würfeln. Den Mais abtropfen lassen. Gurke, Salami und Mais miteinander mischen.

3. Die Tomaten waschen, die Stielansätze entfernen und die Tomaten würfeln.

4. Mayonnaise mit Joghurt und 50 Millilitern Erbsenkochwasser verrühren. Tomaten, Erbsen und die Hälfte der Kräuter zugeben. Alles mit Pfeffer, Salz und Essig würzen.

5. Nudeln und Gurkenmix abwechselnd in eine Schüssel schichten und zwischen die Schichten jeweils etwas Salatsauce geben. Mit Salatsauce abschließen, alles mit den restlichen Kräutern bestreuen und servieren.

Nudelsalat mit Käse und Salami

▶ Kohlenhydrate

Für 2 Personen
Für hungrige Mäuler ⊕ 20 Min.
160 g Spiralnudeln · Meersalz ·
1 grüne Paprika · 150 g Kirschtomaten ·
⅓ Salatgurke · 60 g Greyerzer ·
50 g Rindersalami · 1 kleines Bund
Petersilie, gehackt · 125 g Joghurt ·
1 TL Senf · 1 EL Obstessig · Kräutersalz

1. Die Nudeln in Salzwasser bissfest garen, dann abgießen und abtropfen lassen.
2. Die Paprikaschote waschen und würfeln. Die Tomaten waschen und halbieren. Die Gurke schälen und mit Käse und Salami in Würfel schneiden.
3. Gemüse und Nudeln mischen, Käse- und Salamiwürfel unterheben.
4. Für das Dressing Joghurt mit Senf und Obstessig verrühren. Die Mischung mit dem Kräutersalz würzen und die Hälfte der gehackten Petersilie unterrühren.
5. Das Dressing über den Salat geben und alles gut mischen. Mit der restlichen Petersilie bestreut servieren.

Spaghetti Valenciano

▶ Kohlenhydrate

Für 2 Personen
Gelingt leicht ⊕ 20 Min.
160 g Spaghetti · Meersalz · 1 Zwiebel ·
5 Knoblauchzehen · 2 EL Olivenöl ·
1 kleine rote Chilischote · 50 ml Sahne ·
½ TL Sambal Oelek · Kräutersalz ·
1 EL Majoranblättchen

1. Spaghetti in reichlich leicht gesalzenem kochendem Wasser in 10 bis 12 Minuten bissfest garen. Dann in ein Sieb geben und abtropfen lassen.
2. Zwiebel und Knoblauch schälen und in Würfel schneiden. Das Öl in einer Pfanne erhitzen und darin zuerst die Zwiebelwürfel glasig dünsten. Dann Knoblauch und Chilischote zugeben und alles knusprig braten. Danach die Chilischote entfernen.
3. Die Nudeln zu den Zwiebeln geben und Sahne, Sambal Oelek und Kräutersalz unterrühren. Mit Majoranblättchen bestreuen.

Tagliatelle mit scharf-pikantem Pesto

▶ Kohlenhydrate

Für 2 Personen
Gut vorzubereiten ⊙ 30 Min.
3–4 Knoblauchzehen · 2 EL Öl (z. B. Olivenöl) · 1 kleines Bund Petersilie · 1 EL Sesamsamen · 2 EL Pinienkerne · Kräutersalz · 1 TL Sambal Oelek · 160 g Tagliatelle ohne Ei · Meersalz

1. Den Knoblauch abziehen und grob hacken. Das Öl erhitzen, den Knoblauch darin goldbraun braten, dann abkühlen lassen.

2. Petersilie waschen, trocken schütteln und sehr fein hacken. Petersilie, Knoblauch mit Bratöl, Sesam, Pinienkernen und Kräutersalz in einem Mörser zu einer sämigen Paste zerreiben. Mit Sambal Oelek scharf würzen.

3. Die Tagliatelle in reichlich leicht gesalzenem kochendem Wasser bissfest garen, dann abgießen und abtropfen lassen. Die Nudeln mit dem Pesto vermischen und servieren.

Fettuccine mit Mandel-Pesto

▶ Kohlenhydrate

Für 2 Personen
Gut vorzubereiten ⊙ 20 Min.
160 g Fettuccine · Meersalz · 75 g Pinienkerne · 1 großes Bund Basilikum · 3 Knoblauchzehen · 200 ml Öl · 3 EL gemahlene Mandeln · 80 g geriebener Parmesan · 2 große Fleischtomaten

1. Die Nudeln in Salzwasser bissfest garen. Dann in ein Sieb abgießen und abtropfen lassen.

2. Für das Pesto die Pinienkerne in einer beschichteten Pfanne ohne Fett goldbraun rösten. Basilikum waschen, trocken tupfen und die Blättchen von den Stielen zupfen. Knoblauch schälen.

3. Das Öl zusammen mit Basilikum, Knoblauch, Mandeln, Parmesan und Salz in ein hohes Gefäß geben und mit dem Pürierstab fein pürieren. Zum Schluss die gerösteten Pinienkerne dazugeben und noch mal kurz pürieren.

4. Die Tomaten waschen und aufschneiden. Nudeln mit 4 Esslöffeln Pesto mischen und mit den Tomaten servieren.

Nudeln, Reis & Co.

Butternudeln mit Pinienkernen und Schinken

▶ Kohlenhydrate

Für 2 Personen
Schön für Gäste ⊙ 25 Min.
160 g Hörnchennudeln · Meersalz ·
2 EL Pinienkerne · 50 g roher Schinken
(z. B. Rinder- oder Lammschinken) ·
3 Frühlingszwiebeln · 1 EL Butter ·
½ TL Thymian Kräutersalz

1. Die Nudeln in reichlich leicht gesalzenem, kochendem Wasser bissfest garen, dann abgießen und abtropfen lassen.

2. Die Pinienkerne ohne Fett in einer beschichteten Pfanne kurz rösten, dann beiseitestellen. Den Schinken in sehr kleine Würfel schneiden. Die Frühlingszwiebeln putzen, waschen und in feine Röllchen schneiden.

3. Die Butter in einer beschichteten Pfanne zerlassen und die Zwiebeln darin anbraten. Die Nudeln untermischen und 5 Minuten mitbraten. Pinienkerne und Thymian zu den Nudeln geben und alles mit Kräutersalz würzen. Auf zwei Tellern anrichten und mit den Schinkenwürfeln bestreuen.

Zucchini-Pilz-Pfanne mit Nudeln

▶ Kohlenhydrate

Für 2 Personen
Gelingt leicht ⊙ 30 Min.
160 g Vollkornnudeln · Meersalz ·
300 g Zucchini · 250 g Austernpilze ·
1 Zwiebel · 1 EL Olivenöl · 1 TL Thymian ·
80 g geriebener Greyerzer ·
3 EL gehackte Petersilie

1. Die Nudeln in reichlich Salzwasser nach Packungsangabe bissfest garen, dann abgießen, abtropfen lassen.

2. Zucchini waschen, putzen und in dünne Scheiben schneiden. Pilze putzen und in Streifen schneiden. Zwiebel schälen und fein würfeln.

3. Das Öl in einer Pfanne erhitzen und die Zwiebeln darin glasig dünsten. Zucchini und Pilze zufügen und bei mittlerer Hitze unter Rühren 8 Minuten braten.

4. Die Nudeln unter das Gemüse mischen. Mit Salz und Thymian würzen. Den Käse gleichmäßig darüber verteilen und zugedeckt bei schwacher Hitze schmelzen lassen. Mit der gehackten Petersilie bestreut servieren.

Bunter Kartoffelbrei mit Salbeimöhren

▶ Kohlenhydrate

Für 2 Personen
Schön für Gäste ⊙ 30 Min.
400 g Kartoffeln · Meersalz · 3 EL Sahne ·
1 Msp. Muskatnuss · 400 g Möhren ·
1 EL Butter · Pfeffer · 10 Salbeiblätter ·
2 EL Pinienkerne · 100 g roher Schinken ·
1 grüne Paprikaschote · 1 kleines Bund
Petersilie, gehackt

1. Die Kartoffeln schälen, in Würfel schneiden und in Salzwasser weich kochen. Dann im Kochwasser stampfen und mit Sahne und Muskatnuss verfeinern.

2. Möhren waschen, schälen, der Länge nach halbieren, dann vierteln. Das Gemüse in einer Pfanne mit Butter 10 Minuten dünsten. Pfeffern und salzen.

3. Die Salbeiblätter waschen und klein schneiden. Die Pinienkerne in einer Pfanne kurz rösten. Den Schinken würfeln. Die Paprikaschote waschen und würfeln. Salbeiblätter und Pinienkerne über die Möhren geben. Schinken und Paprikawürfel unter den Kartoffelbrei mischen und alles mit Petersilie bestreuen.

Kartoffel-Gemüse-Auflauf

▶ Kohlenhydrate

Für 2 Personen
Preisgünstig ⊙ 30 Min.
400 g gegarte Pellkartoffeln · 3 Frühlingszwiebeln · 2 Möhren · 1 EL Butter ·
100 ml Sahne · 100 ml Gemüsebrühe ·
1 TL Majoran · Meersalz · 1 Msp. Cayennepfeffer · 60 g geriebener Greyerzer

1. Die Kartoffeln schälen und in dünne Scheiben schneiden. Die Frühlingszwiebeln putzen, waschen und in Röllchen schneiden. Die Möhren waschen, putzen und würfeln. Die Butter in einer Pfanne zerlassen. Zwiebeln und Möhren darin bissfest braten. Den Backofen auf 200 °C vorheizen.

2. Die Sahne mit der Gemüsebrühe in einem kleinen Topf verrühren, die Sauce mit Majoran, Salz und Cayennepfeffer würzen und kurz aufkochen lassen.

3. Kartoffeln, Zwiebeln und Möhren in eine Auflaufform schichten, die Sahnesauce darübergießen und den Käse gleichmäßig darüber verteilen. Im Backofen 10 bis 15 Minuten überbacken, bis der Käse leicht gebräunt ist.

Sesamkartoffeln mit Hüttenkäse

▶ Kohlenhydrate

Für 2 Personen
Einfach raffiniert ⊙ 25 Min.

400 g kleine fest kochende Kartoffeln ·
2 EL Öl · 1 EL Sesam, Meersalz · 1 kleines
Bund Salatkräuter · 300 g Hüttenkäse ·
2 große Paprikaschoten

1. Den Backofen auf 200 °C vorheizen. Die Kartoffeln waschen und der Länge nach halbieren. Ein Backblech mit Öl bestreichen, etwas Sesam und Salz darauf verteilen und die Kartoffeln mit der Schnittfläche auf das Blech setzen. Auf der mittleren Schiene etwa 20 Minuten backen.

2. In der Zwischenzeit die Kräuter verlesen, waschen, fein hacken, mit dem Hüttenkäse mischen und alles leicht salzen. Die Paprikaschoten halbieren, putzen, waschen und in Streifen schneiden.

3. Die Kartoffeln mit dem Hüttenkäse und den Paprikastreifen anrichten und servieren.

Folienkartoffeln mit Ziegenkäse-Tsatsiki

▶ Kohlenhydrate

Für 2 Personen
Preisgünstig ⊙ 20 Min.

2 große gegarte Pellkartoffeln · 1 kleines
Bund Dill · 1–2 Knoblauchzehen ·
1 Salatgurke · Meersalz · 80 g Ziegenkäse ·
2 EL saure Sahne · 150 g Joghurt

1. Den Backofen auf 200 °C vorheizen. Die Kartoffeln in Alufolie wickeln und im Ofen etwa 10 Minuten backen.

2. Dill waschen, trocken tupfen und fein hacken. Knoblauch schälen und durch eine Presse drücken. Gurke schälen, etwa 5 Zentimeter davon abschneiden und fein raspeln. Den Rest in dünne Scheiben hobeln und leicht salzen.

3. Den Käse mit einer Gabel zerdrücken und mit saurer Sahne, Joghurt, Knoblauch, Salz und der geraspelten Gurke verrühren.

4. Die Kartoffeln zur Hälfte einschneiden, auseinanderdrücken und das Tsatsiki hineingeben. Mit dem Dill bestreuen und zusammen mit den Gurkenscheiben servieren.

NUDELN, REIS & CO.

Thymiankartoffeln mit Paprika-Mais-Salat

▶ Kohlenhydrate

Für 2 Personen
Preisgünstig ⓢ 30 Min.

400 g gegarte Pellkartoffeln · 1 kleine Zwiebel · 2 EL Olivenöl · Kräutersalz · Pfeffer · 1 TL Thymian · 1 grüne Paprikaschote · 3 Tomaten · 100 g Mais (Dose) · 10 Basilikumblättchen · 1 TL Obstessig · 1 TL Olivenöl · Meersalz

1. Die Kartoffeln schälen und in Scheiben schneiden. Zwiebel schälen und hacken. Die Zwiebeln in einer Pfanne mit dem Öl dünsten. Die Kartoffeln zufügen, alles mit Kräutersalz, Pfeffer und Thymian würzen und bei mittlerer Hitze goldgelb braten.

2. Die Paprikaschote waschen und klein würfeln. Die Tomaten waschen und in Spalten schneiden. Paprika, Tomaten und Mais in einer Schüssel mischen.

3. Basilikum waschen und fein hacken. Essig mit Öl, Pfeffer, Salz und 5 Esslöffeln Wasser verrühren. Den Salat mit der Sauce mischen, mit den Basilikumblättchen bestreuen und mit den Kartoffeln servieren.

Honig-Kartöffelchen mit Paprika

▶ Kohlenhydrate

Für 2 Personen
Gelingt leicht ⓢ 30 Min.

3 große Paprikaschoten · 2 EL Öl · Meersalz · 400 g kleine gegarte Pellkartoffeln · 1 EL flüssiger Honig Pfeffer · 50 g Sahne · 100 ml Gemüsebrühe · 1 Msp. Sambal Oelek

1. Die Paprikaschoten waschen, in breite Streifen schneiden und auf ein Backblech legen. Mit 1 Esslöffel Öl beträufeln und leicht salzen. Im Backofen bei 200 °C 10 bis 15 Minuten braten.

2. Inzwischen die Kartoffeln schälen. Das restliche Öl mit dem Honig in einer Pfanne erhitzen, bis der Honig zu karamellisieren beginnt. Die Pellkartoffeln darin von allen Seiten knusprig braten. Mit Pfeffer und Salz würzen, dann die Kartoffeln aus der Pfanne nehmen.

3. Den Bratenfond mit der Sahne und der Brühe aufkochen und mit Sambal Oelek würzen. Die Kartoffeln zusammen mit den Paprikastreifen und der Sauce servieren.

Reisnudeln mit Kokos-Pilz-Sauce

▶ Kohlenhydrate

Für 2 Personen
Gelingt leicht ⊙ 20 Min.

2 EL Kokosraspel · 1 kleine Zwiebel ·
1 haselnussgroßes Stück Ingwer ·
250 g Shiitake-Pilze (oder Austernpilze) ·
120 g feine Reisnudeln · 1 EL Butter ·
150 ml Kokosmilch (Dose) · 1 TL gelbe
Currypaste · Meersalz · 1 TL Ahornsirup

1. Die Kokosraspel ohne Fett kurz rösten. Zwiebel und Ingwer schälen und würfeln. Die Pilze abreiben, Stiele herausschneiden, Hüte klein schneiden.

2. Die Reisnudeln in eine Schüssel geben, mit kochendem Wasser übergießen, 5 Minuten quellen lassen, abgießen.

3. Die Butter in einer Pfanne zerlassen, Zwiebeln, Ingwer und Pilze darin 3 bis 4 Minuten braten. Kokosmilch zugießen und mit Currypaste, Salz und Ahornsirup würzen. Alles kurz aufkochen, dann 2 Minuten köcheln lassen.

4. Die Reisnudeln auf einen Teller geben, die Pilzsauce darauf anrichten und alles mit den Kokosraspeln bestreuen.

Kleine Kokospfannkuchen

▶ Kohlenhydrate

Für 2 Personen
Für Naschkatzen ⊙ 20 Min.

125 g feines Weizenvollkornmehl ·
1 TL Weinstein-Backpulver · 200 ml Kokosmilch (Dose) · 2 Eigelb · 1 Prise Meersalz ·
8 TL Sonnenblumenöl · 8 EL Quark
(20 % Fett) · 8 TL Ahornsirup

1. Das Mehl mit dem Backpulver mischen und mit der Kokosmilch, 150 Millilitern Wasser, Eigelb und Salz zu einem glatten Teig verrühren. 5 Minuten quellen lassen.

2. 1 Teelöffel Öl in einer kleinen beschichteten Pfanne (20 cm Ø) erhitzen. Eine kleine Schöpfkelle Teig hineingeben und bei mittlerer Hitze den Pfannkuchen von jeder Seite 1 bis 2 Minuten backen. Aus dem restlichen Öl und dem übrigen Teig 7 weitere dünne Pfannkuchen backen.

3. Jeden Pfannkuchen mit Quark bestreichen, mit je 1 Teelöffel Ahornsirup beträufeln. Heiß aufrollen und servieren.

Chinesische Reispfanne

▶ Kohlenhydrate

Für 2 Personen
Gut vorzubereiten ⊙ 25 Min.
100 g Basmati-Naturreis · Meersalz ·
5 Frühlingszwiebeln · 200 g Austernpilze ·
1 rote Paprikaschote · 50 g Mungobohnenkeimlinge · 2 EL ÖL · 1 EL Currypulver · Worcestersauce · 12 Cashewkerne

1. Den Reis in einen Topf geben, mit Salzwasser bedecken und bei schwacher Hitze 15 Minuten quellen lassen.

2. Die Frühlingszwiebeln putzen und in dünne Ringe schneiden. Die Pilze waschen, putzen und in Streifen schneiden. Die Paprikaschote waschen und klein würfeln. Die Mungobohnenkeimlinge verlesen und waschen.

3. Das Öl im Wok erhitzen. Zwiebeln, Pilze und Paprika in die Pfanne geben und unter Wenden kräftig anbraten, bis sie eine leichte braune Farbe angenommen haben. Mit Salz und Curry würzen.

4. Reis unterrühren und alles mit Worcestersauce würzen. Mit den Keimlingen und Cashewkernen bestreut servieren.

Asia-Bratreis mit Shiitake-Pilzen

▶ Kohlenhydrate

Für 2 Personen
Gelingt leicht ⊙ 25 Min.
125 g Basmati-Reis · Meersalz ·
200 g Shiitake-Pilze · 2 Frühlingszwiebeln ·
1 EL Öl · 75 g Erbsen (TK) · 1 TL Currypaste · 1 TL Kurkuma · 1–2 EL Sojasauce ·
1 EL fein gehacktes Koriandergrün

1. Den Reis in einen Topf geben, mit leicht gesalzenem Wasser bedecken und bei schwacher Hitze 15 Minuten quellen lassen.

2. Inzwischen die Shiitake-Pilze abreiben, die Stiele herausschneiden und die Hüte klein schneiden. Die Frühlingszwiebeln putzen, waschen und in feine Röllchen schneiden.

3. Das Öl in einer Pfanne erhitzen, Zwiebeln, Pilze und Erbsen zufügen und unter Rühren 5 Minuten braten. Den gut abgetropften Reis unterrühren und unter Wenden anbraten. Alles mit der Currypaste, Kurkuma und Salz würzen. Den Bratreis mit der Sojasauce abschmecken und mit dem Koriander bestreuen.

NUDELN, REIS & CO.

Bulgursalat

▶ Kohlenhydrate

Für 2 Personen
Gelingt leicht ⊘ 25 Min.
150 g Bulgur · Meersalz · 2 EL Rosinen ·
2 EL Pinienkerne · 1 mürber Apfel ·
1 TL Obstessig · 1 kleine Fenchelknolle ·
100 g Mais (Dose) · ½ kleines Bund
Minze · 150 g Joghurt · 2 EL Sahne

1. Den Bulgur in ½ Liter kochendes Salzwasser geben. Zugedeckt bei schwacher Hitze 15 Minuten quellen lassen.

2. Rosinen überbrühen, 5 Minuten ziehen lassen, dann abgießen. Die Pinienkerne in einer beschichteten Pfanne kurz rösten. Den Apfel waschen, vierteln, entkernen und in kleine Würfel schneiden. Mit dem Obstessig beträufeln. Den Fenchel waschen und in dünne Streifen hobeln. Apfel, Fenchel, Mais, Rosinen und Bulgur in einer Schüssel mischen.

3. Die Minze fein hacken. Joghurt, Sahne, Minze und etwas Salz mit 2 Esslöffeln Wasser vermischen. Den Salat mit dem Dressing mischen und mit den Pinienkernen bestreut servieren.

Bunter Dinkelsalat

▶ Kohlenhydrate

Für 2 Personen
Gut vorzubereiten ⊘ 20 Min.
120 g Parboiled Dinkel · Meersalz ·
2 Tomaten · 100 g Gurke · 1 grüne Paprikaschote · 60 g Rindersalami in dünnen
Scheiben · 80 g Mais (Dose) ·
1 Bund Petersilie · 125 g Joghurt ·
4 EL saure Sahne · 1 EL Obstessig · Pfeffer

1. 1 Liter Wasser zum Kochen bringen. Den Dinkel mit einer Prise Salz in das kochende Wasser geben und bei schwacher Hitze 15 Minuten garen.

2. Die Tomaten waschen und in kleine Würfel schneiden. Die Gurke schälen und klein würfeln. Die Paprikaschote waschen und würfeln. Die Salamischeiben vierteln.

3. Die Petersilie waschen und fein hacken. Joghurt mit saurer Sahne, Essig, Pfeffer, Petersilie und Salz verrühren.

4. Den Dinkel abgießen, dann mit Tomaten, Gurken, Paprika, abgetropftem Mais und Salami mischen. Das Dressing darübergießen und alles mischen.

Reis mit Gemüsecurry

▶ Kohlenhydrate

Für 2 Personen
Besonderes mit Reis ⊗ 30 Min.
125 g Parboiled Naturreis · Meersalz · 60 g roher Rinderschinken · 1 Zwiebel · 200 g Champignons · 1 große gelbe Paprikaschote · 1 EL Butter · 125 g Erbsen (TK) · 60 ml Gemüsebrühe · 3 EL saure Sahne · Pfeffer · 1–2 TL Currypulver

1. Den Reis in einen Topf geben, mit leicht gesalzenem Wasser bedecken und 10 Minuten köcheln lassen.

2. Den Schinken in Streifen schneiden. Die Zwiebel schälen und fein hacken. Die Champignons putzen und in Scheiben schneiden. Die Paprikaschote waschen und in Würfel schneiden.

3. Die Zwiebeln in einem Topf mit Butter glasig dünsten, Pilze und Gemüse zugeben und etwa 5 Minuten unter Rühren dünsten. Mit Brühe ablöschen und 10 Minuten köcheln lassen. Die saure Sahne unterrühren und das Gemüse mit Pfeffer, Salz und Curry würzen. Reis und Gemüsecurry anrichten und mit dem Schinken bestreuen.

Spanische Reispfanne

▶ Kohlenhydrate

Für 2 Personen
Mit Pilzen – frisch auf den Tisch ⊗ 30 Min.
125 g Parboiled Naturreis · Meersalz · 1 Paprikaschote · 350 g Lauch · 200 g Austernpilze · 1 EL Olivenöl · 1 kleines Döschen Safran · Pfeffer · einige Spritzer Worcestersauce · 12 schwarze Oliven

1. Den Reis in einen Topf geben, mit leicht gesalzenem Wasser bedecken und 10 Minuten köcheln lassen. Anschließend weitere 10 Minuten quellen lassen.

2. Die Paprikaschote waschen und würfeln. Den Lauch längs halbieren, waschen und in Streifen schneiden. Die Austernpilze putzen und in Streifen schneiden.

3. Den Lauch in einer Pfanne mit dem Öl anbraten. Paprikawürfel und Pilze zugeben und mitbraten.

4. Den Reis mit dem Gemüse mischen. Den Safran unterrühren und alles mit Salz, Pfeffer und Worcestersauce kräftig würzen. Zum Schluss die Oliven auf dem Reis verteilen.

Käsebratlinge mit grüner Sauce

▶ Kohlenhydrate

Für 2 Personen
Gut vorzubereiten ⊗ 30 Min.

50 g Schafskäse · 1 Zwiebel · 1 EL Butter · 190 ml Gemüsebrühe · 100 g Haferflocken · 1 TL gelbe Currypaste · 1 Eigelb · 1 EL Crème fraîche · 2 EL Vollkornsemmelbrösel · 2 EL Öl · 1 Pck. Kräutermischung (TK) · 125 g Joghurt · 125 g Quark (20 % Fett) · 1 TL Senf, Pfeffer, Kräutersalz

1. Den Käse in vier Würfel schneiden. Die Zwiebel schälen und fein hacken.

2. Zwiebeln mit der Butter glasig dünsten. Brühe angießen und Haferflocken unterrühren. Mit der Currypaste würzen und zu einem Brei kochen. Dann Eigelb und Crème fraîche unterrühren.

3. Aus dem Teig vier Bratlinge formen, in die Mitte je ein Stück Käse drücken. Die Bratlinge in Semmelbröseln wenden und in einer Pfanne mit Öl von beiden Seiten jeweils 5 Minuten braten.

4. Die Kräuter mit Joghurt, Quark und Senf verrühren und die Sauce mit Pfeffer und Kräutersalz würzen.

Champignon-Käse-Pfännchen

▶ Eiweiß

Für 2 Personen
Gelingt leicht ⊗ 25 Min.

1 kleine Zwiebel · 1 Knoblauchzehe · 1 kleine Möhre · 200 g Champignons · 1 EL Butter · 50 g Sahne · 4 Eier · Pfeffer · Meersalz · 1 TL Paprikapulver edelsüß · 60 g geriebener Greyerzer · 2 große Fleischtomaten

1. Zwiebel und Knoblauch schälen und fein würfeln. Möhre waschen und in Scheibchen schneiden. Champignons putzen und in Würfel schneiden.

2. Zwiebeln, Knoblauch und Möhren in einer Pfanne mit der Butter bissfest dünsten. Champignons zufügen und bei starker Hitze braun braten.

3. Sahne, Eier, Pfeffer, Salz, Paprika und Käse verquirlen. Die Eiersahne über die Pilze gießen und bei schwacher Hitze stocken lassen.

4. Die Tomaten waschen, in Spalten schneiden, salzen und mit dem Champignon-Käse-Pfännchen servieren.

NUDELN, REIS & CO.

Bratgemüse mit Reis

▶ Kohlenhydrate

Für 2 Personen
Gelingt leicht ⏱ 25 Min.
125 g Parboiled Naturreis · Meersalz ·
2 Zucchini · 200 g Champignons ·
1 EL Olivenöl · Kräutersalz · 1 TL Thymian ·
1 TL Rosmarin · 100 g Schafskäse ·
Worcestersauce

1. Den Reis in einen Topf geben, mit leicht gesalzenem Wasser bedecken und 10 Minuten köcheln lassen. Den Herd ausschalten und den Reis weitere 10 Minuten quellen lassen.

2. Zucchini waschen, Blüten- und Stielansätze entfernen und die Früchte in Würfel schneiden. Champignons putzen und in Scheiben schneiden.

3. Das Öl in einer Pfanne erhitzen. Zucchini und Pilze darin unter Rühren kräftig anbraten. Mit Kräutersalz, Thymian und Rosmarin würzen.

4. Gemüse und Reis auf einer Platte anrichten, den Schafskäse darüber zerbröseln und alles mit einigen Spritzern Worcestersauce würzen.

Süßer Mandelreis mit Zimt

▶ Kohlenhydrate

Für 2 Personen
Preisgünstig 25 Min.
125 g Parboiled Vollkornreis ·
2 EL Mandelblättchen · 2 EL Rosinen ·
150 g griechischer Joghurt · 1 EL Honig ·
1 Prise Meersalz · ½ TL Kardamom ·
1 TL Kurkuma · 1 TL Zimtpulver

1. Den Reis in einen Topf geben, mit Wasser bedecken und zugedeckt bei schwacher Hitze 3 Minuten köcheln lassen. Den Herd ausschalten und den Reis weitere 15 Minuten quellen lassen.

2. Die Mandelblättchen kurz rösten, dann beiseite stellen. Die Rosinen heiß waschen.

3. Den Reis durch ein Sieb abgießen. Joghurt, Mandelblättchen, Rosinen, Honig, Salz, Kardamom und Kurkuma mit dem Reis mischen. Mit dem Zimt bestreut servieren.

Fleisch, Geflügel & Ei

Andalusische Fleischspieße mit Bohnensalat

▶ Eiweiß

Für 2 Personen
Eiweißreich genießen ⊙ 30 Min.

600 g grüne Bohnen (TK) · Meersalz ·
1–2 Knoblauchzehen · 3 EL Olivenöl · 1 TL Currypulver ·
½ TL gestoßener Kreuzkümmel · 1 TL Paprikapulver
edelsüß · 1 TL Thymian · 300 g Lammbraten ·
4 Stängel Petersilie · 6 Blättchen Zitronenmelisse ·
150 g Joghurt · 2 EL Zitronensaft · 1 EL Tomatenmark

1. Die Bohnen in Salzwasser in 8 bis 10 Minuten bissfest garen. Herausnehmen und abkühlen lassen.

2. Den Knoblauch schälen und durch eine Presse drücken. Mit Salz, Öl und restlichen Gewürzen mischen.

3. Den Grill auf 250 °C vorheizen. Das Fleisch in mundgerechte Würfel schneiden und in der Marinade wenden. Dann auf Spieße stecken und unter dem Grill von allen Seiten je 4 bis 5 Minuten braten.

4. Petersilie und Zitronenmelisse waschen, trocknen und fein hacken. Mit Joghurt, Zitronensaft, Salz und Tomatenmark verrühren. Die Sauce über die Bohnen gießen und alles mischen. Den Bohnensalat mit den Fleischspießen servieren.

Fleisch, Geflügel & Ei

Scharfes Roastbeef mit Brokkoli

▶ Eiweiß

Für 2 Personen
Gelingt leicht ⊙ 20 Min.
300 g Roastbeef · 450 g Brokkoli ·
1 haselnussgroßes Stück Ingwer ·
3 Möhren · 2 EL Öl · Pfeffer · Meersalz ·
Sambal Oelek · Sojasauce

1. Das Fleisch waschen, trocken tupfen und in schmale Streifen schneiden.

2. Den Brokkoli waschen, putzen und in kleine Röschen teilen. Die Stiele schälen und in kleine Stücke schneiden. Den Ingwer schälen und klein hacken. Die Möhren schälen und in Stifte schneiden.

3. Das Öl im Wok stark erhitzen. Das Fleisch unter Rühren 2 Minuten anbraten und mit Pfeffer, Salz und Sambal Oelek würzen. Ingwer, Brokkoli und Möhren zufügen und alles 3 bis 5 Minuten unter ständigem Rühren bissfest garen. Mit der Sojasauce würzen, mit Salz und Pfeffer abschmecken und servieren.

Cevapcici mit Zucchini-Paprika-Gemüse

▶ Eiweiß

Für 2 Personen
Schön für Gäste ⊙ 30 Min.
1 Zwiebel · 2–3 Knoblauchzehen ·
2 Zucchini · 1 große rote Paprikaschote ·
2 EL Olivenöl · Thymian · Rosmarin ·
Meersalz · Chilipulver · 350 g Rinderhack ·
2 TL Paprikapulver edelsüß

1. Zwiebel und Knoblauch schälen und hacken. Zucchini und Paprika waschen, putzen und in kleine Würfel schneiden.

2. Die Hälfte der Zwiebel- und Knoblauchwürfel in einer Pfanne mit dem Öl glasig dünsten. Das Gemüse zugeben und alles mit Thymian, Rosmarin, Salz und Chili würzen. Bei milder Hitze 10 Minuten schmoren lassen.

3. Die restlichen Zwiebel- und Knoblauchwürfel mit dem Hackfleisch mischen. Mit Salz, Paprika, Thymian und Chili kräftig würzen und aus dem Fleischteig kleine Röllchen formen.

4. Die Cevapcici in einer Pfanne mit dem restlichen Öl knusprig braten. Zusammen mit dem Gemüse servieren.

Marinierte Kalbsleber mit Rotkohl

▶ Eiweiß

Für 2 Personen
Unkompliziert und voller Genuss ⊙ 20 Min.
100 ml Rotwein · 1 EL Sojasauce ·
1 TL eingelegte grüne Pfefferkörner ·
300 g Kalbsleber · 600 g Rotkohl (TK) ·
1 Zwiebel · 1 kleiner Apfel · 1 EL Öl ·
1 TL Paprikapulver · 1 EL saure Sahne ·
Pfeffer · Meersalz

1. Rotwein, Sojasauce und Pfefferkörner zu einer Marinade verrühren. Die Leber in breite Streifen schneiden und in der Marinade kurz ziehen lassen.

2. Den Rotkohl in einem kleinen Topf nach Packungsangabe erhitzen.

3. Zwiebel und Apfel schälen und in Spalten schneiden. Die Zwiebel- und Apfelspalten in einer Pfanne mit dem Öl anbraten. Mit Paprikapulver bestäuben.

4. Die Leber zum Zwiebel-Apfel-Gemisch geben und scharf anbraten. Die Marinade zugießen und 3 bis 5 Minuten köcheln lassen. Mit saurer Sahne, Pfeffer und Salz abschmecken. Die Leber zusammen mit dem Rotkohl servieren.

Feuriger Paprikatopf

▶ Eiweiß

Für 2 Personen
Gut vorzubereiten ⊙ 30 Min.
1 Zwiebel · 600 g Paprikaschoten ·
1 EL ÖL · 300 g Rinderhack ·
2 TL Paprikapulver · ¼ l Gemüsebrühe ·
2 EL Tomatenmark · ½ TL Sambal Oelek ·
je 1/2 TL Thymian und Rosmarin ·
Meersalz

1. Die Zwiebel schälen und fein würfeln. Die Paprikaschoten halbieren, waschen, putzen und in grobe Würfel schneiden.

2. Das Öl in einem Topf erhitzen und die Zwiebeln darin glasig dünsten. Hackfleisch zugeben und krümelig anbraten. Paprikawürfel zufügen, mit dem Paprikapulver bestäuben und alles bei starker Hitze unter Rühren 3 bis 4 Minuten braten.

3. Mit der Brühe ablöschen und das Tomatenmark unterrühren. Mit Sambal Oelek, Thymian, Rosmarin und Salz würzen. Zugedeckt etwa 5 Minuten köcheln lassen und heiß servieren.

Putengeschnetzeltes mit Curry-Sahne

▶ Eiweiß

Für 2 Personen
Gelingt leicht ⏲ 20 Min.
1 kleines Bund Petersilie
150 g Champignons · 300 g Putenbrust ·
1 EL Öl · 100 ml Gemüsebrühe · Pfeffer ·
Meersalz · 2 TL Curry · 4 EL Sahne

1. Die Petersilie waschen, trocken tupfen und fein hacken. Die Champignons putzen und feinblättrig aufschneiden. Das Fleisch kurz waschen, mit Küchenpapier trocken tupfen und in feine Streifen schneiden.

2. Das Öl in einer beschichteten Pfanne erhitzen und die Putenstreifen darin etwa 5 Minuten kräftig anbraten. Die Pilze zufügen und alles unter Rühren weitere 5 Minuten braten.

3. Die Gemüsebrühe dazugießen, aufkochen lassen und alles mit Pfeffer, Salz und Currypulver würzen. Die Sahne unterrühren.

4. Das Geschnetzelte mit der gehackten Petersilie bestreut servieren.

Ananaskraut mit Putenbrust

▶ Eiweiß

Für 2 Personen
Gesunder Genuss ⏲ 30 Min.
1 Zwiebel · 1 kleines Stück Chilischote ·
½ Ananas · 1 TL Öl · 5 Nelken ·
1 Zimtstange · 1 TL Honig · Meersalz ·
500 g Sauerkraut · 2 Scheiben geräucherte Putenbrust à 150 g

1. Die Zwiebel schälen und fein würfeln. Die Chilischote waschen, aufschneiden, entkernen und in feine Streifen schneiden. Die Ananas schälen, vom harten Strunk befreien und in kleine Würfel schneiden.

2. Das Öl in einem Topf erhitzen. Zwiebeln, Nelken und Zimtstange hineingeben und die Zwiebeln kurz anbraten. Ananasstücke und Chilistreifen zugeben, etwas Wasser angießen und mit Honig und Salz würzen.

3. Das Sauerkraut untermischen, die Putenbrustscheiben obenauf legen und alles zugedeckt bei mittlerer Hitze 10 Minuten köcheln lassen. Nelken und Zimtstange entfernen, das Kraut mit dem Fleisch anrichten und servieren.

Fleischklößchen mit Paprikastreifen

▶ Eiweiß

Für 2 Personen
Schön für Gäste ⏱ 25 Min.

3 große Paprikaschoten · 3 TL Öl · Salz · 1 TL Thymian · 1 Möhre · 1 kleine Zwiebel · 1 Zweig Majoran, gehackt · 300 g Rinderhack · 1 Ei · Pfeffer · Meersalz

1. Die Paprikaschoten halbieren, waschen, putzen, in Streifen schneiden und auf ein Backblech legen. Mit 1 Teelöffel Öl beträufeln, salzen und mit Thymian bestreuen. Im Backofen bei 200 °C 10 bis 15 Minuten braten.

2. Inzwischen die Möhre waschen, schälen und sehr fein raspeln. Die Zwiebel schälen und sehr fein würfeln.

3. Das Hackfleisch mit Möhren, Zwiebeln und dem Ei verkneten. Mit Pfeffer, Salz und Majoran würzen. Vier Klößchen formen.

4. Die Klößchen in einer Pfanne mit dem restlichen Öl rundum anbraten. Mit den Paprikastreifen servieren.

Wok-Bohnen mit Rinderhack

▶ Eiweiß

Für 2 Personen
Gut vorzubereiten ⏱ 15 Min.

500 g Bohnen (TK) · Meersalz · 1 Zwiebel · 1 EL ÖL · 300 g Rinderhack · 400 g Pizzatomaten (Dose) · 2 EL Tomatenmark · 1 EL Paprikapulver edelsüß · 1 TL Sambal Oelek · 50 ml Gemüsebrühe · 2 EL Crème fraîche

1. Die Bohnen in kochendem Salzwasser 8 bis 10 Minuten garen, dann aus der Brühe nehmen.

2. Die Zwiebel schälen, halbieren und in dünne Streifen schneiden.

3. Das Öl im Wok erhitzen. Zwiebelstreifen unter Rühren glasig braten, Hackfleisch zufügen und krümelig anbraten. Bohnen, Tomaten und Tomatenmark unterrühren, mit Salz, Paprikapulver und Sambal Oelek würzen. Die Brühe zugießen und 3 Minuten köcheln lassen.

4. Crème fraîche unterrühren und servieren.

Frankfurter Schichtsalat

▶ Eiweiß

Für 2 Personen
Gut vorzubereiten ⊙ 20 Min. plus einige Stunden Kühlzeit
1 grüne Paprikaschote · 2 Frühlingszwiebeln · 2 Tomaten · 50 g Gouda am Stück · 2 Gewürzgurken · 150 g Geflügelfleischwurst · 150 g Mais (Dose) · 100 g saure Sahne · 150 g Joghurt · Kräutersalz

1. Die Paprikaschote waschen und klein würfeln. Die Frühlingszwiebeln putzen und waschen. Das Grün in Röllchen, das Weiße in Würfel schneiden. Die Tomaten waschen und in Scheiben schneiden. Den Käse würfeln. Die Gurken fein hacken, die Wurst in Streifen schneiden. Die saure Sahne mit Joghurt und Kräutersalz vermischen.

2. Paprikawürfel, das Weiße der Frühlingszwiebeln, abgetropften Mais, Tomatenscheiben, Käse, Wurst und Gurken in eine Schüssel schichten.

3. Die Sauce auf dem Salat verteilen und alles mit dem Zwiebelgrün bedecken. Zugedeckt einige Stunden im Kühlschrank durchziehen lassen.

Scharfe Würstchenspieße mit Salat

▶ Eiweiß

Für 2 Personen
Schmeckt der ganzen Familie ⊙ 30 Min.
1 Zwiebel · 1 grüne Paprikaschote · 12 Kirschtomaten · 4 Geflügelwürstchen à 80 g · 1 TL Sambal Oelek · 3 EL Öl · 1 Kopfsalat · 1 EL weißer Balsamessig · Meersalz · Pfeffer

1. Die Zwiebel schälen und in Spalten schneiden. Die Paprikaschote waschen und in Würfel schneiden. Die Tomaten waschen. Die Würstchen in Stücke schneiden.

2. Die Gemüse- und Wurststücke abwechselnd mit den Tomaten auf Spieße stecken. Sambal Oelek mit 2 Esslöffeln Öl verrühren und die Spieße damit bestreichen. Im Backofengrill bei 175 °C von allen Seiten 10 Minuten grillen.

3. Den Salat waschen und in mundgerechte Stücke zerpflücken. Die Blätter auf einer Platte anrichten, mit dem restlichen Öl und dem Essig beträufeln, salzen und pfeffern und mit den Würstchenspießen anrichten.

FLEISCH, GEFLÜGEL & EI

Pikanter Blumenkohl mit Wurst und Ei

▶ Eiweiß

Für 2 Personen
Eiweißreich genießen ⊙ 25 Min.
1 Blumenkohl · Meersalz · 1 EL Sahne · 4 Geflügelwürstchen · 1 kleines Bund Schnittlauch · 3 Eier · 3 EL Mineralwasser · 1 EL Öl · Chilipulver · 1 TL Paprikapulver edelsüß

1. Den Blumenkohl waschen, putzen und in kleine Röschen zerteilen. Wenig Salzwasser mit der Sahne zum Kochen bringen. Den Blumenkohl darin in 8 bis 10 Minuten bissfest garen.

2. Die Würstchen in Scheiben schneiden. Schnittlauch in Röllchen schneiden. Die Eier mit Mineralwasser, Salz und Schnittlauch verquirlen.

3. Die Wurstscheiben in einer Pfanne mit dem Öl kurz anbraten und mit dem Chili würzen. Die Blumenkohlröschen dazugeben und alles weitere 3 Minuten braten.

4. Die Ei-Masse über den Blumenkohl gießen. Unter Rühren stocken lassen. Mit Paprika bestreuen und servieren.

Blumenkohlsalat mit Kalbsbratwürstchen

▶ Eiweiß

Für 2 Personen
Schön für Gäste ⊙ 20 Min.
1 Blumenkohl · Meersalz · 1 EL Öl · 4 Kalbsbratwürstchen · 3 Zweige Petersilie · 2 EL saure Sahne · 125 g Joghurt · 1 EL Essig · Pfeffer

1. Den Blumenkohl waschen, putzen und in kleine Röschen teilen. Wenig Salzwasser zum Kochen bringen. Den Blumenkohl darin in 10 bis 12 Minuten bissfest garen, aus dem Wasser nehmen und leicht abkühlen lassen.

2. In der Zwischenzeit das Öl in einer Pfanne erhitzen und die Bratwürstchen darin rundum braun braten.

3. Für die Sauce die Petersilie waschen, trocken tupfen und grob hacken. Saure Sahne mit Joghurt, 5 Esslöffeln Blumenkohlbrühe, Essig, Pfeffer, Salz und Petersilie in ein hohes Gefäß geben und pürieren. Das Dressing über den Blumenkohl geben und zusammen mit den Bratwürstchen servieren.

Blumenkohl mit Eier-Kapern-Sauce

▶ Eiweiß

Für 2 Personen
Gut vorzubereiten ⊙ 20 Min.
4 hartgekochte Eier · 1 Blumenkohl · Meersalz · 3 EL Sahne · 1 kleine Zwiebel · 2 EL Kapern · 1 EL weißer Balsamessig · 1 EL Öl · 2 EL Crème fraîche · 1 Pck. Kräutermischung (TK) · 1 TL Paprikapulver edelsüß

1. Den Blumenkohl waschen, putzen und in kleine Röschen zerteilen. Wenig Salzwasser mit der Sahne zum Kochen bringen. Den Blumenkohl darin in 10 bis 12 Minuten bissfest garen, aus dem Wasser nehmen und abkühlen lassen. Etwas Brühe beiseitestellen.

2. Die Zwiebel schälen und fein würfeln. Die Kapern fein hacken. Essig mit Öl, Crème fraîche und 6 Esslöffeln Blumenkohlbrühe verrühren. Zwiebeln, Kräuter und Kapern unterrühren.

3. Eier in Würfel schneiden und unter das Dressing mischen. Den Blumenkohl anrichten, mit dem Dressing vermischen und alles mit Paprikapulver bestäubt servieren.

Zucchini-Spiegeleier

▶ Eiweiß

Für 2 Personen
Einfach raffiniert ⊙ 20 Min.
1 kleine Zwiebel · 1 Knoblauchzehe · 500 g Zucchini · 1 EL Olivenöl · Thymian · Rosmarin · Pfeffer · Salz · 4 Eier · 2 Zweige glatte Petersilie

1. Zwiebel und Knoblauch schälen und beides fein würfeln. Zucchini waschen, putzen und in kleine Würfel schneiden.

2. Das Olivenöl in einer Pfanne erhitzen, Zwiebeln und Knoblauch darin scharf anbraten. Zucchini hinzufügen und unter Rühren bissfest dünsten, bis der Gemüsesaft weitgehend verdunstet ist. Mit Thymian, Rosmarin, Pfeffer und Salz würzen.

3. Die Eier über das Gemüse schlagen und das Eiweiß vorsichtig mit einer Gabel verteilen. Salzen und so lange braten, bis die Eier stocken. Mit der Petersilie garniert servieren.

Sellerie-Quark-Tortilla

▶ Eiweiß

Für 2 Personen
Frisch aus der Pfanne ⊙ 30 Min.
100 g Knollensellerie · 1 Zwiebel ·
1 EL Öl · Pfeffer · Kräutersalz ·
1 Salatgurke · ½ Bund Petersilie ·
4 große Eier · 150 g Quark (20 % Fett)

1. Sellerie waschen, schälen und in kleine Würfel schneiden. Die Zwiebel schälen und fein hacken.

2. Sellerie und Zwiebelwürfel mit dem Öl in einer Pfanne anbraten. Mit Pfeffer und Kräutersalz würzen und einige Minuten schmoren lassen.

3. Die Gurke waschen und in Scheiben schneiden. Petersilie waschen und hacken.

4. Die Eier trennen. Eigelb mit Quark, Pfeffer und Salz schaumig rühren. Eiweiß steif schlagen und mit der Hälfte der Petersilie unter das Eigelb heben. Die Masse über das Gemüse gießen und bei geschlossenem Deckel stocken lassen. Die Tortilla mit Petersilie bestreuen und mit den Gurkenscheiben servieren.

Rindersteak mit Möhren-Pilz-Gemüse

▶ Eiweiß

Für 2 Personen
Einfach raffiniert ⊙ 25 Min.
1 Bund Petersilie · 200 g Champignons ·
1 Bund Möhren · 1 EL Butter · Pfeffer ·
Meersalz · 1 EL Sonnenblumenöl ·
2 Rinderfilets à 150 g · 20 g Kräuterbutter

1. Petersilie waschen, trocken tupfen und fein hacken. Champignons putzen und vierteln. Die Möhren waschen, putzen und in feine Scheiben schneiden.

2. Die Butter in einer beschichteten Pfanne erhitzen. Pilze und Möhren darin rundum braun braten. Mit Pfeffer und Salz würzen.

3. Das Öl in einer weiteren beschichteten Pfanne erhitzen und die Steaks darin von beiden Seiten je 3 bis 4 Minuten braten. Mit Pfeffer und Salz würzen.

4. Die Steaks mit dem Möhren-Pilz-Gemüse und Kräuterbutter anrichten. Mit der gehackten Petersilie bestreut servieren.

Lachssteak mit Schmorgemüse

▶ Eiweiß

Für 2 Personen
Schön für Gäste ⊙ 25 Min.

2 Paprikaschoten · ½ Salatgurke · 1 kleine Zwiebel ·
2 Lachssteaks à 180 g · Meersalz ·
1 EL Sonnenblumenöl · 1 EL Butter, Pfeffer ·
4 EL saure Sahne · 1 EL Zitronensaft · Kräutersalz ·
1 EL gehackter Dill

1. Die Paprikaschoten halbieren, waschen, putzen und in schmale Streifen schneiden. Die Gurke schälen und in kleine Würfel schneiden. Die Zwiebel schälen und fein hacken.

2. Die Lachssteaks kurz waschen, trocken tupfen und zart salzen. Das Öl in einer Pfanne erhitzen und den Fisch von jeder Seite 5 bis 7 Minuten braten.

3. Inzwischen die Butter in einer zweiten Pfanne zerlassen und die Zwiebeln darin glasig dünsten. Paprikastreifen und Gurkenwürfel dazugeben, mit Salz und Pfeffer würzen und unter gelegentlichem Umrühren 6 bis 8 Minuten schmoren lassen.

4. Für die Sauce die saure Sahne mit Zitronensaft und Kräutersalz glatt rühren und den gehackten Dill unterrühren. Den Fisch zusammen mit dem Gemüse und der Sauce anrichten.

Fisch & Meeresfrüchte

FISCH & MEERESFRÜCHTE

Einfache Fischsuppe

▶ Eiweiß

Für 2 Personen
Gelingt leicht ⊙ 30 Min.
1 kleine Fenchelknolle · 1 Möhre · 1 Zwiebel · 1 EL Olivenöl · 300 g Pizzatomaten (Dose) · 300 ml Gemüsebrühe · 300 g Fischfilet (Seeteufel, Kabeljau) · Chilipulver · Meersalz

1. Den Fenchel waschen, putzen, halbieren und den Strunk keilförmig herausschneiden. Den Fenchel würfeln, etwas Fenchelgrün hacken und beiseitestellen. Die Möhre waschen, putzen und würfeln. Die Zwiebel schälen und fein hacken.

2. Das Olivenöl in einem Topf erhitzen und die Zwiebeln darin anbraten. Fenchel, Möhren und Tomaten zufügen und unter Rühren dünsten. Die Brühe angießen und das Ganze etwa 5 Minuten köcheln lassen.

3. Den Fisch in Stücke teilen und zur Suppe geben. Mit Chili und Salz abschmecken, 10 Minuten köcheln lassen. Mit dem Fenchelgrün bestreut servieren.

Fischfilet mit Sauce Tatar

▶ Eiweiß

Für 2 Personen
Gelingt leicht ⊙ 25 Min.
1 großes Ei · 2 Fischfilets à 200 g (z. B. Scholle) · Pfeffer · Meersalz · 1 EL Sonnenblumenöl · 1 Gewürzgurke · 3 TL Kapern · 1 kleines Bund Schnittlauch · 1 hartgekochtes Ei · 1 EL weißer Balsamessig · 100 g Joghurt · 1 TL Senf

1. Den Fisch waschen, trocken tupfen, pfeffern und salzen. Das Öl in einer Pfanne erhitzen und den Fisch darin bei mittlerer Hitze von jeder Seite etwa 3 bis 4 Minuten braten.

2. Gurke und Kapern fein hacken. Schnittlauch waschen, trocken tupfen und in Röllchen schneiden.

3. Das Ei durchschneiden und das Eigelb herauslösen. Das Eiweiß fein hacken. Das Eigelb mit Essig, Joghurt, Senf, Pfeffer und Salz gut verrühren. Eiweiß, Gurke, Kapern und Schnittlauch untermischen. Zusammen mit dem Fisch servieren.

Butterfisch mit Gurkengemüse

▶ Eiweiß

Für 2 Personen
Eiweißreich genießen ⊙ 25 Min.
1 kleine Zwiebel · 1 Salatgurke · 1 kleines Bund Dill · 1 EL Sonnenblumenöl · 4 EL Gemüsebrühe · 2 Fischfilets à 200 g (z. B. Scholle, Seezunge) · Meersalz · Pfeffer · 1 EL Butter · 3 EL Sahne

1. Die Zwiebel schälen und würfeln. Die Gurke schälen, halbieren und würfeln. Dill waschen und fein hacken.

2. Das Öl in einer Pfanne erhitzen. Zwiebel- und Gurkenwürfel darin bei starker Hitze unter Wenden scharf anbraten. Die Brühe angießen und zugedeckt bei schwacher Hitze 8 bis 10 Minuten köcheln lassen.

3. Den Fisch mit kaltem Wasser kurz abbrausen, mit Küchenpapier trocken tupfen, salzen und pfeffern.

4. Den Fisch mit der Butter in einer Pfanne von beiden Seiten je 4 Minuten braten. Die Sahne unter das Gemüse rühren, mit Salz, Dill und Pfeffer abschmecken. Das Gemüse mit dem Fisch servieren.

Schollenfilet mit Möhrengemüse

▶ Eiweiß

Für 2 Personen
Gelingt leicht ⊙ 25 Min.
2 Orangen · 500 g Möhren · 2 TL Butter · Meersalz · 2 Schollenfilets à 200 g · 2 EL Zitronensaft · 2 EL Sonnenblumenöl · 2 EL Pinienkerne

1. Eine Orange schälen und das Fruchtfleisch in Würfel schneiden, die andere Orange halbieren und auspressen.

2. Die Möhren waschen, putzen und in Scheiben schneiden. Das Gemüse in einem Topf mit der Butter unter Rühren kurz anbraten. Den Orangensaft angießen, salzen und die Möhren zugedeckt 10 Minuten köcheln lassen.

3. Den Fisch waschen und trocken tupfen. Von beiden Seiten mit Zitronensaft beträufeln und salzen. Den Fisch mit dem Öl in einer Pfanne bei mittlerer Hitze von beiden Seiten je 5 Minuten braten.

4. Die Orangenwürfel unter das Gemüse heben, mit den Pinienkernen bestreuen und mit dem Fisch servieren.

Matjes auf Eis mit Butterbohnen

▶ Neutral

Für 2 Personen
Gelingt leicht ⊙ 20 Min.
1 EL Butter · 600 g grüne Bohnen (TK) ·
100 ml Gemüsebrühe · 15–20 Eiswürfel ·
4 geputzte ganze Matjes · 50 g saure
Sahne · 1 kleine rote Zwiebel

1. Die Butter in einem Topf zerlassen und die Bohnen darin unter Rühren kurz andünsten. Die Brühe angießen und die Bohnen bei geschlossenem Deckel 6 bis 8 Minuten garen.

2. Die Eiswürfel in ein sauberes Küchentuch wickeln und mit einem Hammer zerschlagen. Das Eis auf eine Platte geben und die Matjes darauf anrichten. Die saure Sahne in ein Schälchen geben.

3. Die Zwiebel schälen, in Ringe schneiden und auf dem Fisch verteilen. Matjes mit den Bohnen und der sauren Sahne servieren.

Spanischer Thunfischsalat

▶ Eiweiß

Für 2 Personen
Gesunder Genuss ⊙ 20 Min.
1 kleine Zwiebel · 2 Knoblauchzehen ·
1 EL Kapern (aus dem Glas) · 10 schwarze
Oliven ohne Stein · 1 rote Paprikaschote ·
200 g Thunfisch naturell (aus der Dose) ·
1 TL Mayonnaise ohne Zucker ·
150 g Joghurt · 1 Msp. Chili · Meersalz ·
1 Eisbergsalat

1. Zwiebel und Knoblauch abziehen und fein hacken. Die Kapern fein würfeln, die Oliven in Scheiben schneiden. Die Paprikaschote halbieren, putzen, waschen und in Würfel schneiden.

2. Den Thunfisch mit einer Gabel grob zerdrücken. Die Mayonnaise mit dem Joghurt verrühren. Zwiebel, Knoblauch, Kapern, Oliven und Paprikawürfel in die Joghurtsauce rühren, mit Chili und Salz fein abschmecken. Den Thunfisch mit der Sauce mischen.

3. Den Salat putzen, waschen, abtropfen lassen und in Streifen schneiden. Auf einem Teller ausbreiten und den Thunfischsalat darauf anrichten.

Valenzianischer Fischtopf

▶ Eiweiß

Für 2 Personen
Schnell, leicht und lecker ⊙ 30 Min.
1 Gemüsezwiebel · 1–2 Knoblauchzehen · 300 g Zucchini · 1 EL Olivenöl · 400 g Pizzatomaten (Dose) · 1 EL Tomatenmark · Pfeffer · Meersalz · ½ TL Rosmarin · 1 TL Thymian · 400 g Fischfilet

1. Zwiebel und Knoblauch schälen und fein hacken. Zucchini waschen, putzen und fein würfeln.

2. Das Öl in einer hohen Pfanne erhitzen. Zwiebeln, Knoblauch und Zucchini darin unter Rühren kräftig anbraten. Tomaten und Tomatenmark zugeben, mit Pfeffer, Salz, Rosmarin und Thymian würzen. Alles kräftig umrühren.

3. Den Fisch waschen, trocken tupfen und in Würfel schneiden. Zum Gemüse geben, vorsichtig unterheben, einmal kurz aufkochen lassen, dann bei geringer Hitze zugedeckt in 5 Minuten garen.

Fischragout mit Salatherzen

▶ Eiweiß

Für 2 Personen
Gesunder Genuss ⊙ 20 Min.
1 Zwiebel · 1 kleine Stange Lauch · 1 Möhre · 400 g Fisch (z. B. Scholle) · 1 EL Butter · 50 ml trockener Weißwein · 50 ml Gemüsebrühe · Pfeffer · Meersalz · 1 TL Currypulver · 1 Msp. Cayennepfeffer · 1 EL Crème fraîche

1. Die Zwiebel schälen und fein hacken. Den Lauch putzen, längs aufschneiden und waschen, dann in Streifen schneiden. Die Möhre waschen, putzen und würfeln. Den Fisch kurz waschen und in Würfel schneiden.

2. Die Butter in einer Pfanne erhitzen. Zwiebeln, Lauch und Möhren darin andünsten. Fischwürfel hinzufügen und alles unter Rühren 2 Minuten braten.

3. Wein und Brühe zugießen. Mit Pfeffer, Salz, Curry und Cayennepfeffer würzen, kurz aufkochen, dann zugedeckt 10 Minuten köcheln lassen. Zum Schluss die Crème fraîche einrühren.

Viktoriabarschfilet auf Gemüsesalat

▶ Eiweiß

Für 2 Personen
Gelingt leicht ⊙ 25 Min.
400 g Viktoriabarschfilet · Meersalz ·
2 EL Zitronensaft · 1 EL Butter · 1 große
rote Paprikaschote · 200 g Champignons ·
250 g Zucchini · 1 EL Öl · Pfeffer ·
2 EL saure Sahne · 125 g Joghurt ·
Kräutersalz · 1 Pck. Kräutermischung (TK)

1. Den Fisch waschen, salzen und mit Zitronensaft beträufeln. Den Fisch mit der Butter in einer Pfanne von beiden Seiten je 6 bis 8 Minuten sanft braten.

2. Die Paprikaschote waschen und in Streifen schneiden. Die Champignons putzen und in grobe Stücke schneiden. Die Zucchini waschen und in dünne Scheiben schneiden.

3. Das Öl in einer Pfanne erhitzen und das Gemüse darin einige Minuten braten. Mit Pfeffer und Salz würzen.

4. Saure Sahne mit Joghurt, Kräutersalz und Kräutern mit einem Pürierstab aufschlagen. Die Sauce über das Gemüse geben und alles zusammen servieren.

Wok-Würzfisch mit gebratenem Salbei

▶ Eiweiß

Für 2 Personen
Mit asiatischem Flair ⊙ 25 Min.
400 g Fischfilet (z. B. Zander, Lachs) ·
3 EL Sojasauce · 1 TL Sambal Oelek ·
50 ml trockener Sherry · 500 g Möhren ·
12 Salbeiblätter · 2 EL Öl · Meersalz ·
Pfeffer

1. Den Fisch waschen, trocken tupfen und in Streifen schneiden. Sojasauce mit Sambal Oelek und Sherry verrühren und die Fischstreifen darin marinieren.

2. Möhren schälen und würfeln. Salbei waschen und trocken tupfen. Die Salbeiblätter mit dem Öl im Wok kurz braten.

3. Die Fischstreifen aus der Marinade nehmen, kurz abtropfen lassen und im heißen Öl von allen Seiten braun werden lassen.

4. Die Möhren im restlichen Öl 3 Minuten braten. Marinade zugießen, kurz kochen lassen. Mit Salz und Pfeffer abschmecken. Den Fisch auf das Gemüse legen und mit Salbei garnieren.

DESSERTS & SÜSSE SNACKS

Beerenkaltschale mit Joghurtnocken

▶ Eiweiß

Für 2 Personen
Unwiderstehlich lecker ⏱ 15 Min. plus Kühlzeit
3 Blatt Gelatine · 150 g Beeren (z. B. Heidelbeeren, Himbeeren oder Kirschen) · ½ TL Stevia oder 3 EL Ahornsirup · 250 g Joghurt · 2 EL Zitronensaft

1. Die Gelatine in kaltem Wasser etwa 5 Minuten einweichen.

2. Die Beeren verlesen und kurz abbrausen. In einen Topf geben und mit 300 Millilitern Wasser aufkochen. Die Hälfte der ausgedrückten Gelatine unterrühren und die Fruchtsuppe mit der Hälfte Stevia bzw. Ahornsirup süßen. Anschließend in eine Schüssel füllen und kalt stellen.

3. Für die Joghurtnocken die restliche Gelatine in 2 Esslöffeln heißem Wasser auflösen. Joghurt mit Zitronensaft und restlichem Stevia bzw. Ahornsirup verrühren.

4. Die Gelatine tropfenweise sorgfältig unter die Joghurtmasse rühren und etwa 2 Stunden kalt stellen. Die Beerenkaltschale in tiefe Teller füllen, von dem Joghurt Nocken abstechen, zur Kaltschale geben und servieren.

Desserts & süße Snacks

DESSERTS & SÜSSE SNACKS

Heidelbeercreme

▶ Neutral

Für 2 Personen
Schön für Gäste ⊙ 15 Min. plus 2 Std. Gelierzeit
5 Blatt Gelatine · 200 g Heidelbeeren (TK) · 2 EL Honig · 150 g Joghurt

1. Die Gelatine in kaltem Wasser etwa 5 Minuten einweichen.

2. Die Heidelbeeren in einen Topf geben und mit 350 Millilitern Wasser aufkochen, danach pürieren. Die ausgedrückte Gelatine und den Honig einrühren und alles leicht abkühlen lassen.

3. Den Joghurt gleichmäßig unterrühren, die Masse in eine Glasschale füllen und im Kühlschrank erstarren lassen.

Quark-Orangen-Creme mit Ingwer

▶ Eiweiß

Für 2 Personen
Gute-Laune-Dessert ⊙ 10 Min.
1 haselnussgroßes Stück Ingwer · 2 Orangen · 250 g Quark (20 % Fett) · ⅓ TL Stevia oder · 2 EL Ahornsirup · 1 TL Zimt

1. Den Ingwer schälen und sehr fein hacken.

2. Eine Orange auspressen, die andere Orange schälen und in kleine Würfel schneiden. Den Quark mit dem Saft cremig verrühren.

3. Ingwer und Orangenwürfel unter den Quark mischen und mit dem Stevia bzw. Ahornsirup süßen. Mit dem Zimt bestreuen und gut gekühlt servieren.

Tipp
Mit Stevia sollte man vorsichtig würzen. Es hat eine hohe Süßkraft, doch wenn man zu hoch dosiert, wird der Geschmack bitter.

DESSERTS & SÜSSE SNACKS

Mandarinen-Sahne-Eis

▶ Eiweiß

Für 2 Personen
Unwiderstehlich lecker ⊙ 15 Min. plus Gefrierzeit
80 g Sahne · 150 g Joghurt ·
3 Mandarinen · 2 EL Ahornsirup ·
4 Minzeblättchen

1. Die Sahne steif schlagen und mit dem Joghurt mischen.

2. Eine Mandarine schälen und die Spalten in kleine Würfel schneiden. Die restlichen Mandarinen auspressen. Mandarinenstücke, -saft und Ahornsirup mit dem Sahnejoghurt mischen.

3. Die Masse in eine Metallschüssel füllen und diese für mindestens 1, besser 2 Stunden ins Gefrierfach stellen. Zwischendurch umrühren, damit sich keine Kristalle bilden.

4. Das Eis in zwei Dessertschalen geben und mit den Minzeblättchen garnieren.

Geeister Bananen-Kefir

▶ Kohlenhydrate

Für 2 Personen
Für heiße Tage ⊙ 5 Min.
1 große Banane · 400 g Kefir ·
4 EL zerstoßenes Eis · ⅓ TL Stevia oder
1 EL Ahornsirup · 2 Blättchen Zitronenmelisse

1. Die Banane schälen und in grobe Stücke schneiden.

2. Die Bananenstücke zusammen mit Kefir, Eis und Stevia bzw. Ahornsirup in ein hohes Gefäß geben und alles pürieren.

3. Den Kefir auf zwei hohe Gläser verteilen und mit Zitronenmelisse garnieren.

Tipp
Wenn Sie keinen Eis-Crusher haben, wickeln Sie die Eiswürfel in ein Küchentuch und zerkleinern Sie sie mit einem Hammer.

Mandarinen-Ingwer-Joghurt

▶ Eiweiß

Für 2 Personen
Für Naschkatzen ⊙ 10 Min.
2 Mandarinen · 1 kleines Stück Ingwer ·
250 g griechischer Joghurt ·
1 EL flüssiger Honig oder einige Tropfen Stevia flüssig

1. Die Mandarinen schälen und in Spalten teilen. Den Ingwer schälen und fein hacken. Mandarinen und Ingwer mit dem Joghurt mischen.

2. Alles mit dem Honig bzw. Stevia süßen.

3. In Dessertschälchen servieren.

Marmoriertes Kirschkompott

▶ Eiweiß

Für 2 Personen
Gelingt leicht ⊙ 15 Min. plus Gelierzeit
2 Blatt Gelatine · 200 g Sauerkirschen ·
1 EL Honig · 125 g Joghurt · 1 EL gehackte Pistazien

1. Die Gelatine in kaltem Wasser etwa 5 Minuten einweichen.

2. Die Kirschen waschen, entsteinen und in einen kleinen Topf geben. Mit dem Honig und 80 Millilitern Wasser bei schwacher Hitze 3 Minuten dünsten. Die Gelatine ausdrücken, zu den Kirschen geben und darin auflösen.

3. Das Kompott in zwei Dessertschalen geben und leicht abkühlen lassen. Den Joghurt ungleichmäßig unterrühren und das Kompott im Kühlschrank ganz auskühlen lassen. Mit den gehackten Pistazien bestreut servieren.

DESSERTS & SÜSSE SNACKS

Gratinierte Feigen

▶ Kohlenhydrate

Für 2 Personen
Gesunder Genuss ⊙ 25 Min.
6 frische Feigen · 2 TL Butter ·
2 EL gehackte Mandeln · 5 EL Sahne ·
1 EL Honig · 2 Mandelkerne

1. Die Feigen waschen, halbieren und in eine feuerfeste Form setzen. Den Backofen auf 220 °C vorheizen.

2. Die Butter in einer kleinen Pfanne zerlassen und die gehackten Mandeln darin kurz rösten. Sahne und Honig hinzufügen und alles unter Rühren einmal aufkochen lassen.

3. Mit einem Teelöffel die Mandelmasse auf den Feigenhälften verteilen und mit jeweils einem Mandelkern dekorieren. Die Feigen im Backofen etwa 10 Minuten backen und warm servieren.

Pfirsichsalat auf Heidelbeermark

▶ Eiweiß

Für 2 Personen
Schön für Gäste ⊙ 10 Min.
2 Pfirsiche · 6 Minzeblättchen ·
150 g Heidelbeeren (TK) ·
2 TL Ahornsirup

1. Die Pfirsiche waschen, halbieren, von den Kernen befreien und in kleine Würfel schneiden. Die Minze waschen und fein hacken.

2. Die Heidelbeeren pürieren, durch ein Sieb streichen und mit dem Ahornsirup süßen. Das Heidelbeermark als Spiegel auf zwei Teller verteilen und den Pfirsichsalat in die Mitte setzen. Mit den gehackten Minzeblättchen garnieren.

Sahniger Hirsebrei mit Zimt

▶ Kohlenhydrate

Für 2 Personen
Gelingt leicht ⊙ 15 Min.
100 g Sahne · 2 TL Honig · 1 Msp. Salz ·
80 g gemahlene Hirse · 2 EL Rosinen ·
2 TL Zimt

1. Etwa ¼ Liter Wasser mit der Sahne in einem Topf verrühren. Honig, Salz und Hirse hinzufügen und alles unter Rühren zum Kochen bringen.

2. Das Ganze kurz aufwallen lassen, die Rosinen unterrühren, anschließend den Topf vom Herd nehmen und die Hirse 5 bis 10 Minuten ausquellen lassen.

3. Den Hirsebrei in zwei Dessertschalen geben und mit dem Zimt bestäuben. Warm oder kalt servieren.

Gebratene Käse-Kokos-Ananas

▶ Eiweiß

Für 2 Personen
Gelingt leicht ⊙ 15 Min.
2 EL Kokosraspel · 1 EL geriebener Käse (z. B. Greyerzer) · 1 Msp. Cayennepfeffer · 2 frische Ananasscheiben · 1 EL Butter

1. Die Kokosraspel mit Käse und Cayennepfeffer mischen.

2. Die Ananas schälen, von den braunen Augen und dem Strunk befreien und in den gewürzten Kokosflocken wenden.

3. Die Butter in einer Pfanne zerlassen und die Ananasscheiben darin bei schwacher Hitze auf beiden Seiten jeweils 2 bis 3 Minuten braten. Sofort servieren.

Fruchtiges Buttermilchgelee

▶ Eiweiß

Für 2 Personen
Gelingt leicht ⊙ 15 Min. plus Gelierzeit
2 Blatt rote Gelatine · 100 g Himbeeren (frisch oder TK) · 4 Minzeblättchen · ⅓ TL Stevia oder · 2 EL Ahornsirup · ¼ l Buttermilch

1. Die Gelatine in kaltem Wasser etwa 5 Minuten einweichen. Die frischen Himbeeren verlesen, tiefgekühlte auftauen lassen. Einige schöne Früchte beiseitelegen.

2. Die Minze waschen, trocken tupfen und sehr fein hacken. Himbeeren mit Minze, Stevia bzw. Ahornsirup und Buttermilch verrühren.

3. Die Gelatine ausdrücken, in einem kleinen Topf bei geringer Hitze auflösen und tropfenweise unter die Buttermilch rühren.

4. Die Masse in zwei Dessertgläser füllen und 2 bis 3 Stunden kalt stellen. Das Buttermilchgelee mit den restlichen Himbeeren dekorativ anrichten.

Ziegenkäse mit Obstsalat

▶ Eiweiß

Für 2 Personen
Unwiderstehlich lecker ⊙ 10 Min. plus Gelierzeit
1 säuerlicher Apfel · 1 Birne · 1 Orange · 1 EL Honig · 100 g schnittfester Ziegenkäse · 2 EL gehackte Walnüsse

1. Apfel, Birne und Orange waschen, putzen, eventuell schälen und in kleine Würfel schneiden. Den Honig mit 2 Esslöffeln warmem Wasser verrühren.

2. Den Obstsalat auf zwei Tellern anrichten und mit dem Honigwasser beträufeln. Mit den gehackten Nüssen bestreuen. Den Ziegenkäse in Scheiben schneiden, nach Belieben mit etwas Pfeffer bestreuen und fächerartig zum Obst legen.

GETRÄNKE

Heidelbeermilch

▶ Eiweiß

Für 2 Personen
Erfrischend gut ⊙ 15 Min.
100 g Heidelbeeren (frisch oder TK) ·
⅓ TL Stevia oder 2 EL Ahornsirup · 125 g Joghurt ·
¼ l frische kalte Milch · 2 EL geschlagene Sahne

1. Die Heidelbeeren waschen, verlesen und einige Früchte zum Garnieren beiseitelegen. Tiefgekühlte Beeren auftauen lassen.

2. Die Beeren zusammen mit Stevia bzw. Ahornsirup, Joghurt und Milch fein pürieren.

3. Die Heidelbeermilch in zwei große Gläser füllen. Mit der geschlagenen Sahne und den restlichen Heidelbeeren garnieren.

Tipp

Achten Sie auf die Qualität der Beeren! Manche frische Beeren haben so wenig Aroma, dass Tiefkühlware vorzuziehen ist.

Getränke

GETRÄNKE

Melonen-Longdrink

▶ Eiweiß

Für 2 Personen
Gut vorzubereiten ⊙ 10 Min.
¼ Netzmelone · 4 EL zerstoßenes Eis ·
2 EL Zitronensaft · 150 ml frisch gepresster Grapefruitsaft · 1 EL Ahornsirup ·
1 haselnussgroßes Stück Ingwer ·
2 Zweige frische Minze

1. Das Melonenfleisch aus der Schale lösen.

2. Das zerstoßene Eis zusammen mit Zitronensaft, Grapefruitsaft, Melone, Ahornsirup und Ingwer fein pürieren.

3. Den Drink in zwei hohe Gläser füllen und mit der Minze garniert servieren.

Tomaten-Flip

▶ Eiweiß

Für 2 Personen
Gelingt leicht ⊙ 10 Min.
6 Basilikumblättchen · ½ kleine Avocado ·
350 ml Tomatensaft · ½ TL Sambal Oelek ·
Pfeffer · Meersalz · 4 Eiswürfel

1. Das Basilikum waschen und trocken tupfen. Die Avocado halbieren und das Fruchtfleisch aus der Schale heben.

2. Avocado mit Basilikum, Tomatensaft, Sambal Oelek, Pfeffer und Salz pürieren.

3. Auf zwei Gläser verteilen, die Eiswürfel zufügen und servieren.

Tipp
Die andere Hälfte der Avocado beträufeln Sie mit Zitronensaft. So hält sie sich im Kühlschrank eine Weile.

Kresse-Shake

▶ Neutral

Für 2 Personen
Leichter Genuss ⊘ 5 Min.
1 Kästchen Kresse · 400 g Kefir ·
Kräutersalz · Einige Tropfen Tabasco ·
4 Eiswürfel

1. Die Kresse mit einer Schere abschneiden und zusammen mit Kefir und Kräutersalz fein pürieren. Mit Tabasco leicht scharf würzen.

2. Den Shake in zwei hohe Gläser füllen, die Eiswürfel zufügen und das Ganze mit Kresseblättchen garnieren.

Orangen-Longdrink

▶ Eiweiß

Für 2 Personen
Auch für Gäste ⊘ 15 Min.
4 große Saftorangen · 4 EL zerstoßenes
Eis · 4 EL Wodka

1. Für die Garnitur von einer Orange 2 dünne Scheiben abschneiden. Die restlichen Orangen auspressen.

2. Den Saft mit dem zerstoßenem Eis und dem Wodka gut mischen.

3. Anschließend in Longdrinkgläser gießen. Mit je einem Trinkhalm und einer Orangenscheibe garniert servieren.

Rezeptregister

A

Ananas
– Ananaskraut mit Putenbrust 65
– Gebratene Käse-Kokos-Ananas 87

Äpfel
– Apfel-Champignon-Pfanne 29
– Bulgursalat 56
– Obstteller mit Joghurtsauce 24
– Powermüsli »Spezial« 23
– Ziegenkäse mit Obstsalat 88

Asia-Bratreis mit Shiitake-Pilzen 55

B

Bananen
– Geeister Bananen-Kefir 83
– Knusperjoghurt 22

Beeren
– Beerenkaltschale mit Joghurtnocken 80
– Fruchtiges Buttermilchgelee 88
– Heidelbeercreme 82
– Heidelbeermilch 90
– Pfirsichsalat auf Heidelbeermark 86

Blattsalat
– Roastbeef-Trauben-Salat mit Meerrettich 38

Blumenkohl
– Blumenkohl mit Eier-Kapern-Sauce 69
– Blumenkohlsalat mit Kalbsbratwürstchen 68
– Pikanter Blumenkohl mit Wurst und Ei 68

Bohnen
– Andalusische Fleischspieße mit Bohnensalat 60
– Matjes auf Eis mit Butterbohnen 77
– Wok-Bohnen mit Rinderhack 66

Bratgemüse mit Reis 59

Brokkoli
– Brokkoli-Spaghetti aus dem Wok 42
– Scharfes Roastbeef mit Brokkoli 62

Bulgursalat 56
Butterfisch mit Gurkengemüse 75

Buttermilch
– Fruchtiges Buttermilchgelee 88
– Kerniges Buttermilchmüsli 22

Butternudeln mit Pinienkernen und Schinken 48

C

Cevapcici mit Zucchini-Paprika-Gemüse 62
Champignon-Käse-Pfännchen 58

Curry
– Apfel-Champignon-Pfanne 29
– Asia-Bratreis mit Shiitake-Pilzen 55
– Chinesische Reispfanne 55
– Putengeschnetzeltes mit Curry-Sahne 65
– Reis mit Gemüsecurry 57
– Reisnudeln mit Kokos-Pilz-Sauce 53

D

Dinkelsalat, bunter 56

E

Eier
– Blumenkohl mit Eier-Kapern-Sauce 69
– Champignon-Käse-Pfännchen 58
– Eier-Krabben-Salat auf Chicorée 36
– Lauchsuppe mit pochierten Eiern 32
– Pikanter Blumenkohl mit Wurst und Ei 68
– Schinken-Rührei mit Tomaten 29
– Sellerie-Quark-Tortilla 70
– Zucchini-Spiegeleier 69

F

Feigen, gratinierte 86
Feldsalat
– Orangen-Feldsalat mit Ingwer 41

- Vitamin-Snack mit Krabben 35
Fettuccine mit Mandel-Pesto 47
Fischfilet mit Sauce Tatar 74
Fischhäppchen in scharfer Sauce 27
Fischragout mit Salatherzen 78
Fischsuppe, einfache 74
Fleischklößchen mit Paprikastreifen 66
Fleischspieße, andalusische, mit Bohnensalat 60
Folienkartoffeln mit Ziegenkäse-Tsatsiki 50
Frankfurter Schichtsalat 67

G
Gazpacho 32
Geflügel
- Feines Hühnersüppchen 33
- Pikanter Blumenkohl mit Wurst und Ei 68
- Scharfe Würstchenspieße mit Salat 67
Gurken
- Bunter Dinkelsalat 56
- Bunter Salat mit Sprossen 41
- Butterfisch mit Gurkengemüse 75
- Fischhäppchen in scharfer Sauce 27
- Folienkartoffeln mit Ziegenkäse-Tsatsiki 50
- Gazpacho 32
- Lachssteak mit Schmorgemüse 72

- Nudelsalat mit Käse und Salami 45
- Nudelschichtsalat 44
- Sellerie-Quark-Tortilla 70

H
Hackfleisch
- Feuriger Paprikatopf 63
- Fleischklößchen mit Paprikastreifen 66
- Schinken-Hack-Spießchen 26
- Wok-Bohnen mit Rinderhack 66
Heidelbeeren
- Heidelbeercreme 82
- Heidelbeermilch 90
- Pfirsichsalat auf Heidelbeermark 86
Himbeeren
- Fruchtiges Buttermilchgelee 88
Hirsebrei, sahniger, mit Zimt 87
Hirtensalat, kleiner 35
Honig-Kartöffelchen mit Paprika 52
Hühnersüppchen, feines 33

I
Ingwer
- Mandarinen-Ingwer-Joghurt 85
- Melonen-Longdrink 92
- Orangen-Feldsalat mit Ingwer 41
- Quark-Orangen-Creme mit Ingwer 82
- Reisnudeln mit Kokos-Pilz-Sauce 53

- Scharfes Roastbeef mit Brokkoli 62

J
Joghurt
- Beerenkaltschale mit Joghurtnocken 80
- Folienkartoffeln mit Ziegenkäse-Tsatsiki 50
- Heidelbeercreme 82
- Käsebratlinge mit grüner Sauce 58
- Knusperjoghurt 22
- Mandarinen-Ingwer-Joghurt 85
- Mandarinen-Sahne-Eis 83
- Marmoriertes Kirschkompott 85
- Nussjoghurt mit Keimlingen 23
- Obstteller mit Joghurtsauce 24

K
Kalb
- Blumenkohlsalat mit Kalbsbratwürstchen 68
- Marinierte Kalbsleber mit Rotkohl 63
Kartoffeln
- Bunter Kartoffelbrei mit Salbeimöhren 49
- Chinesische Pilzcremesuppe 33
- Folienkartoffeln mit Ziegenkäse-Tsatsiki 50
- Honig-Kartöffelchen mit Paprika 52
- Kartoffel-Gemüse-Auflauf 49

- Sesamkartoffeln mit
  Hüttenkäse 50
- Thymiankartoffeln mit
  Paprika-Mais-Salat 52

Käse
- Bunter Käsesalat 30
- Champignon-Käse-
  Pfännchen 58
- Folienkartoffeln mit
  Ziegenkäse-Tsatsiki 50
- Gebratene Käse-Kokos-
  Ananas 87
- Griechischer Kräuterkäse
  27
- Kartoffel-Gemüse-Auflauf
  49
- Käsebratlinge mit grüner
  Sauce 58
- Kleiner Hirtensalat 35
- Nudelsalat mit Käse und
  Salami 45
- Partysalat mit Schafs-
  käse-Dressing 39
- Schweizer Röstbrot mit
  Radieschen 24
- Sesamkartoffeln mit
  Hüttenkäse 50
- Tomaten-Mozzarella-Salat
  mit Oliven 36
- Ziegenkäse mit Obstsalat
  88

Kirschkompott,
  marmoriertes 85
Knusperjoghurt 22

Kohlrabi
- Salamibrötchen mit
  Kohlrabi 26

Kokosmilch
- Gebratene Käse-Kokos-
  Ananas 87

- Kleine Kokospfannkuchen
  53
- Reisnudeln mit Kokos-
  Pilz-Sauce 53

Krabben
- Eier-Krabben-Salat auf
  Chicorée 36
- Vitamin-Snack mit
  Krabben 35

Kräuter
- Griechischer Kräuterkäse
  27
- Käsebratlinge mit grüner
  Sauce 58
- Sesamkartoffeln mit
  Hüttenkäse 50

Kresse-Shake 93

L

Lachs-Sandwich 20
Lachssteak mit Schmor-
  gemüse 72

Lamm
- Andalusische Fleisch-
  spieße mit Bohnensalat
  60

Lauch
- Lauchsuppe mit pochier-
  ten Eiern 32
- Spanische Reispfanne 57

M

Mandarinen-Ingwer-Joghurt
  85
Mandarinen-Sahne-Eis 83

Mandeln
- Fettucchine mit Mandel-
  Pesto 47
- Gratinierte Feigen 86
- Powermüsli »Spezial« 23

Matjes auf Eis mit Butterbohnen 77
Melonen-Longdrink 92

Möhren
- Bunter Kartoffelbrei mit
  Salbeimöhren 49
- Kartoffel-Gemüse-Auflauf
  49
- Rindersteak mit Möhren-
  Pilz-Gemüse 70
- Schollenfilet mit Möhren-
  gemüse 75
- Wok-Würzfisch mit
  gebratenem Salbei 79

Mozzarella
- Tomaten-Mozzarella-Salat
  mit Oliven 36

N

Nudelsalat mit Käse und
  Salami 45
Nudelschichtsalat 44
Nussjoghurt mit Keimlingen
  23

O

Obstteller mit Joghurtsauce
  24

Orangen
- Orangen-Feldsalat mit
  Ingwer 41
- Orangen-Longdrink 93
- Quark-Orangen-Creme
  mit Ingwer 82
- Schollenfilet mit Möhren-
  gemüse 75

P

Paprika
- Feuriger Paprikatopf 63
- Fleischklößchen mit
  Paprikastreifen 66

96

- Honig-Kartöffelchen mit Paprika 52
- Paprika-Kraut-Salat 39
- Thymiankartoffeln mit Paprika-Mais-Salat 52

Partysalat mit Schafskäse-Dressing 39
Pfirsichsalat auf Heidelbeermark 86

Pilze
- Apfel-Champignon-Pfanne 29
- Asia-Bratreis mit Shiitake-Pilzen 55
- Bratgemüse mit Reis 59
- Chinesische Pilzcremesuppe 33
- Chinesische Reispfanne 55
- Reisnudeln mit Kokos-Pilz-Sauce 53
- Spanische Reispfanne 57
- Zucchini-Pilz-Pfanne mit Nudeln 48

Powermüsli »Spezial« 23

Pute
- Ananaskraut mit Putenbrust 65
- Putengeschnetzeltes mit Curry-Sahne 65

Putengeschnetzeltes mit Curry-Sahne 65

Q

Quark
- Käsebratlinge mit grüner Sauce 58
- Kleine Kokospfannkuchen 53
- Powermüsli »Spezial« 23

- Quark-Orangen-Creme mit Ingwer 82
- Sellerie-Quark-Tortilla 70

R
Reis mit Gemüsecurry 57
Reisnudeln mit Kokos-Pilz-Sauce 53
Reispfanne, chinesische 55
Reispfanne, spanische 57

Rind
- Cevapcici mit Zucchini-Paprika-Gemüse 62
- Fleischklößchen mit Paprikastreifen 66
- Rindersteak mit Möhren-Pilz-Gemüse 70
- Roastbeef-Trauben-Salat mit Meerrettich 38
- Salamibrötchen mit Kohlrabi 26
- Scharfes Roastbeef mit Brokkoli 62
- Schinken-Hack-Spießchen 26
- Schinken-Rührei mit Tomaten 29
- Wok-Bohnen mit Rinderhack 66

S
Salamibrötchen mit Kohlrabi 26
Salat mit Sprossen, bunter 41

Schinken
- Butternudeln mit Pinienkernen und Schinken 48
- Schinken-Hack-Spießchen 26

- Schinken-Rührei mit Tomaten 29
Schollenfilet mit Möhrengemüse 75
Schweizer Röstbrot mit Radieschen 24
Sellerie-Quark-Tortilla 70
Sellerie-Walnuss-Salat 38
Sesamkartoffeln mit Hüttenkäse 50
Spaghetti Valenciano 45

T
Tagliatelle mit scharf-pikantem Pesto 47
Thunfischsalat, spanischer 77
Thymiankartoffeln mit Paprika-Mais-Salat 52

Tomaten
- Bunter Käsesalat 30
- Gazpacho 32
- Kleiner Hirtensalat 35
- Scharfe Würstchenspieße mit Salat 67
- Schinken-Rührei mit Tomaten 29
- Tomaten-Flip 92
- Tomaten-Mozzarella-Salat mit Oliven 36
- Valenzianischer Fischtopf 78
- Wok-Bohnen mit Rinderhack 66

V
Valenzianischer Fischtopf 78
Viktoriabarschfilet auf Gemüsesalat 79

REZEPTREGISTER

Vitamin-Snack mit Krabben 35

W
Wok-Bohnen mit Rinderhack 66
Wok-Würzfisch mit gebratenem Salbei 79
Wurst
– Blumenkohlsalat mit Kalbsbratwürstchen 68
– Pikanter Blumenkohl mit Wurst und Ei 68
– Scharfe Würstchenspieße mit Salat 67

Z
Ziegenkäse mit Obstsalat 88
Zucchini
– Bratgemüse mit Reis 59
– Cevapcici mit Zucchini-Paprika-Gemüse 62
– Valenzianischer Fischtopf 78
– Viktoriabarschfilet auf Gemüsesalat 79
– Zucchini-Pilz-Pfanne mit Nudeln 48
– Zucchini-Spiegeleier 69

BEZUGSHINWEISE ZU STEVIA
Nähere Informationen zu Stevia und Bezugsadresse von Produkten auf Stevia-Basis können Sie im Internet unter folgenden Adressen finden:
Medherbs – Kräuter für Leib und Seele
Aunelstr. 70
65199 Wiesbaden
Tel. 06 11 / 8 46 00 15
E-Mail: info@medherbs.de
Homepage: www.medherbs.de
Weitere Internet-Adresse: www.freestevia.de

SERVICE

Liebe Leserin, lieber Leser,

hat Ihnen dieses Buch weitergeholfen? Für Anregungen, Kritik, aber auch für Lob sind wir offen. So können wir in Zukunft noch besser auf Ihre Wünsche eingehen. Schreiben Sie uns, denn Ihre Meinung zählt!

Ihr TRIAS Verlag
E-Mail Leserservice: heike.schmid@medizinverlage.de
Lektorat TRIAS Verlag, Postfach 30 05 04, 70445 Stuttgart, Fax: 0711 89 31-748

IMPRESSUM

Bibliografische Information der Deutschen Nationalbibliothek
Die Deutsche Nationalbibliothek verzeichnet diese Publikation in der Deutschen Nationalbibliografie; detaillierte bibliografische Daten sind im Internet über http://dnb.d-nb.de abrufbar.

Programmplanung: Uta Spieldiener
Redaktion: Annette Barth
Bildredaktion: Christoph Frick
Umschlaggestaltung und Layout:
CYCLUS Visuelle Kommunikation, Stuttgart

Bildnachweis: Vordere Umschlagseite: Stockfood
Hintere Umschlagseite: Chris Meier, Stuttgart
Fotos im Innenteil: Fotolia: S. 8; Norbert Hellinger, München: S. 6; Chris Meier, Stuttgart: S. 4/5, 16, 17, 18, 20/21, 25, 28, 30/31, 34, 37, 40, 42/43, 46, 51, 54, 60/61, 64, 71, 72/73, 76, 80/81, 84, 89, 90/91; Stockfood: S. 3
Zeichnung S. 14/15: Dominique Loenicker, Stuttgart

Wichtiger Hinweis: Wie jede Wissenschaft ist die Medizin ständigen Entwicklungen unterworfen. Forschung und klinische Erfahrung erweitern unsere Erkenntnisse, insbesondere was Behandlung und medikamentöse Therapie anbelangt. Soweit in diesem Werk eine Dosierung oder eine Applikation erwähnt wird, darf der Leser zwar darauf vertrauen, dass Autoren, Herausgeber und Verlag große Sorgfalt darauf verwandt haben, dass diese Angabe dem Wissensstand bei Fertigstellung des Werkes entsprechen, jedoch kann eine Garantie nicht übernommen werden. Eine Haftung des Autors, des Verlags oder seiner Beauftragten für Personen-, Sach- oder Vermögensschäden ist ausgeschlossen.

Geschützte Warennamen (Warenzeichen) werden nicht besonders kenntlich gemacht. Aus dem Fehlen eines solchen Hinweises kann also nicht geschlossen werden, dass es sich um einen freien Warennamen handelt.

1.–5. Auflage erschienen im Droemer Knaur Verlag, München unter dem Titel: „Schnelle Trennkostrezepte"
8. vollständig überarbeitete Auflage

© 2011 TRIAS Verlag in MVS Medizinverlage Stuttgart GmbH & Co. KG
Oswald-Hesse-Straße 50, 70469 Stuttgart

Printed in Germany

Satz und Repro: kaltner verlagsmedien GmbH, Bobingen
gesetzt in InDesign CS5
Druck: AZ Druck und Datentechnik GmbH, Kempten
Gedruckt auf chlorfrei gebleichtem Papier

ISBN 978-3-8304-3951-6

Auch erhältlich als E-Book:
eISBN (PDF)   978-3-8304-3952-3
eISBN (ePub) 978-3-8304-6437-2

1 2 3 4 5 6

Besuchen Sie uns auf facebook!
www.facebook.com/
gesundeernaehrungtrias

Das Werk, einschließlich aller seiner Teile, ist urheberrechtlich geschützt. Jede Verwertung außerhalb der engen Grenzen des Urheberrechtsgesetzes ist ohne Zustimmung des Verlags unzulässig und strafbar. Das gilt insbesondere für Vervielfältigungen, Übersetzungen, Mikroverfilmungen und die Einspeicherung und Verarbeitung in elektronischen Systemen.

Freuen Sie sich auf noch mehr
schnelle Trennkostrezepte!

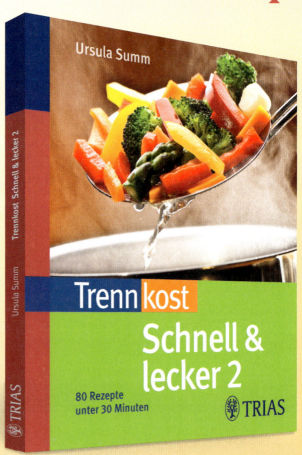

Immer frisch & immer lecker – noch mehr schnelle Rezepte:

Mit Tiefkühlprodukten zaubern Sie weitere gesunde Trennkost-Gerichte auf den Tisch

Ursula Summ
**Trennkost
Schnell & lecker 2**
96 Seiten, 30 Abbildungen
€ 9,95 [D] / € 10,30 [A]
ISBN 978-3-8304-6081-7

In Ihrer Buchhandlung
Titel auch als eBook

www.trias-verlag.de

Noch mehr Trennkost von Ursula Summ
Erfolgsrezept Trennkost

- ist gesund
- schmeckt lecker
- macht schlank

Raffiniert: Mit der Drehscheibe die passende Beilage zum gewünschten Hauptgericht erdrehen

Praktisch: Anhand der Griffleiste finden Sie immer das passende Rezept für Ihr Zeitbudget: von 5 – 60 Minuten

Für alle: 180 köstliche Rezepte für Beruf & Alltag sowie spezielle Rezepte für Kinder. Mit Trennkost-Kombiplan als Poster!

**Trennkost:
Das Einsteiger-Kochbuch**
135 Seiten, 44 Abbildungen
€ 17,95 [D] / € 18,50 [A]
ISBN 978-3-8304-3829-8

**Trennkost:
Das Minuten-Kochbuch**
144 Seiten, 51 Abbildungen
€ 17,95 [D] / € 18,50 [A]
ISBN 978-3-8304-3871-7

**Das neue große Buch
der Trennkost**
192 Seiten, 47 Abbildungen
€ 19,95 [D] / € 20,60 [A]
ISBN 978-3-8304-3666-9

**In Ihrer Buchhandlung
Titel auch als eBook**

www.trias-verlag.de

Natürlich heilen – ohne Nebenwirkungen

- Sanfte Hilfe bei über 100 Beschwerden und Krankheiten – von Arthrose bis Zahnschmerz

- Praktische Übersicht von Kopf bis Fuß: So finden Sie schnell und einfach das passende Mittel

- Extra: Spezielle Empfehlungen für Schwangere, Säuglinge und Kinder

Karola Scheffer
Homöopathie für die Familie
344 Seiten
€ 19,95 [D] / € 20,60 [A] / CHF 34,90
ISBN 978-3-8304-3650-8

Weitere Bücher zum Thema:
www.trias-verlag.de

In Ihrer Buchhandlung

TRIAS
wissen, was gut tut

Wer nicht lesen will, kann hören!

Erfolgreiche TRIAS-Ratgeber-Themen jetzt als Hörbuch

- wichtige Information: geprüftes Wissen in bewährter TRIAS-Qualität
- kompetenter Expertenrat: Berichte, Interviews und Erläuterungen
- konkrete Anleitungen: praktischer Teil mit Übungen

ISBN 978-3-8304-3406-1

ISBN 978-3-8304-3512-9

ISBN 978-3-8304-3495-5

ISBN 978-3-8304-3496-2

ISBN 978-3-8304-3375-0

ISBN 978-3-8304-3818-2

Alle Titel: Laufzeit: ca. 70 Min. · € 14,95 [D] / € 14,95 [A] / CHF 26,20 (unverbindl. Preisempfehlung)

In Ihrer Buchhandlung

Weitere Hörbücher und -proben:
www.trias-verlag.de

wissen, was gut tut